ASSISTÊNCIA NA TRAJETÓRIA DAS POLÍTICAS SOCIAIS BRASILEIRAS

UMA QUESTÃO EM ANÁLISE

EDITORA AFILIADA

Conselho Editorial da
área de Serviço Social

Ademir Alves da Silva
Dilséa Adeodata Bonetti
Elaine Rossetti Behring
Maria Lúcia Carvalho da Silva
Maria Lúcia Silva Barroco

CONSULTORES

Alexandrino Manguiña — Celats
Carlos Alfredo Souza Queiroz
Diego Palma — Celats
Evaldo Amaro Vieira — PUC-SP
José Pauto Netto — PUC-SP
Lucio Kowarick — Cedec
Maria de Lourdes Covre — PUC-SP
Pedro Luiz Barros Silva — Fundap
Sara Lia Werdesheim
Colaboração — CNPq

Dados Internacionais de Catalogação na Publicação (CIP)
(Câmara Brasileira do Livro, SP, Brasil)

Assistência na trajetória das políticas sociais brasileiras : uma questão em análise / Aldaiza de Oliveira Sposati...[et al.]. -- 12. ed. -- São Paulo : Cortez, 2014.

Outros autores: Dilsea Adeodata Bonetti, Maria Carmelita Yazbek, Maria do Carmo Brant Carvalho
Bibliografia.
ISBN 978-85-249-1846-9

1. Assistência social - Brasil 2. Assistência social - Brasil - História 3. Brasil - Política social 4. Serviço social - Brasil I. Sposati, Aldaiza de Oliveira. II. Bonetti, Dilsea Adeodata. III. Yazbek, Maria Carmelita. IV. Carvalho, Maria do Carmo Brant.

14-00365   CDD-361.30981

Índices para catálogo sistemático:
1. Brasil : Assistência social : História   361.30981
2. Brasil : Assistência social : Serviço social   361.30981

ALDAIZA DE OLIVEIRA SPOSATI
DILSEA ADEODATA BONETTI
MARIA CARMELITA YAZBEK
MARIA DO CARMO BRANT CARVALHO

ASSISTÊNCIA NA TRAJETÓRIA DAS POLÍTICAS SOCIAIS BRASILEIRAS

UMA QUESTÃO EM ANÁLISE

12ª edição
6ª reimpressão

ASSISTÊNCIA NA TRAJETÓRIA DAS POLÍTICAS SOCIAIS BRASILEIRAS:
UMA QUESTÃO EM ANÁLISE
Aldaiza de Oliveira Sposati, Dilsea Adeodata Bonetti, Maria Carmelita Yazbek,
Maria do Carmo Brant Carvalho

Capa: de Sign Arte Visual
Revisão: Maria de Lourdes de Almeida
Composição: Linea Editora Ltda.
Secretaria editorial: Priscila F. Augusto
Coordenação editorial: Danilo A. Q. Morales

Nenhuma parte desta obra pode ser reproduzida ou duplicada sem autorização expressa das autoras e do editor.

© 1985 by Autoras

CORTEZ EDITORA
Rua Monte Alegre, 1074 – Perdizes
05014-001 – São Paulo – SP
Tel.: (11) 3864-0111   Fax: (11) 3864-4290
e-mail: cortez@cortezeditora.com.br
www.cortezeditora.com.br

Impresso no Brasil – novembro de 2017

SUMÁRIO

Prefácio... 7

Prefácio à segunda edição............................. 11

Apresentação... 13

Assistência na crise: bases e horizontes da questão ... 17
   1. A constituição do objeto de estudo................ 21
   2. As perspectivas de análise........................... 31

Política social e o assistencial: a reconstrução do significado.. 41
   1. O assistencial na política social..................... 44
   2. O assistencial e a conquista da cidadania....... 51

Serviço social e o assistencial: a colocação histórica da questão.. 57
   1. A assistência na história............................. 59
   2. O Serviço Social e a assistência................... 62

Assistência — Assistencialismo: a busca da superação da questão 79

1. Assistência e assistência social 85
2. Assistência e assistencialismo 95

Assistência como ação governamental: o aparato estatal em questão 113

1. O formato burocrático da assistência social 116
2. A assistência com despesa pública 131

À guisa de conclusão 149

Bibliografia 151

PREFÁCIO

A vinculação crítica entre o Serviço Social e o assistencialismo tem sido um tema privilegiado na bibliografia contemporânea da profissão. Não creio, porém, que o trabalho de Sposati/Bonetti/Yazbek e Carvalho possua similar na nossa literatura.

De fato, é um empenho original, configurando um peculiar enfoque do problema. À base de determinações e hipóteses estimulantes (porque polêmicas), seu mérito maior consiste na tentativa de fazer confluir a perquirição teórica abrangente com o tratamento de situações históricas particulares. Seu traço mais pertinente, eu o localizaria na sua natureza *ensaística*, com um diferenciado espectro de chaves heurísticas a serviço da desmontagem dos nexos que articulam um sistema de dominação (o Estado autocrático-burguês) e sua legitimação (a ilusão da cidadania concedida), no parâmetro da crise, pela inconclusa mediação do vetor assistencial institucionalizado.

Quem se dispuser a caçar pulgas no elefante, certamente que vai encontrá-las, e não poucas. Mas o investigador que se volta para o substantivo não hesitará em reconhecer — por entre as fraturas ineludíveis num projeto pioneiro e (por que não?) audacioso — que está defrontado com o prelúdio de uma interpretação *renovadora*. Resta aguardar, com razão, o seu prosseguimento e, com idêntica razoabilidade, suspeitar que o Serviço Social brasileiro está alcançando a sua maioridade.

José Paulo Netto
PUC-SP

A discussão acerca do papel do "assistencial" na política social brasileira em seu desenho atual assume importância crescente. A crise político-econômica e social que atravessa o país e sua estrutura social desde o final dos anos 1970 impõe uma reflexão acerca de como o Estado brasileiro vem procurando "administrar" a situação de miséria que assola parcela significativa de nossa população.

É exatamente nesse ponto que a questão da assistência social parece evidenciar-se como elemento funcional e necessário para o enfrentamento, ainda que parcial e precário, das questões sociais no Brasil. Ao mesmo tempo, a política social brasileira e seu ramo assistencial vem se mostrando cada vez mais tímida e incapaz de sequer compensar problemas sociais referentes à miséria, à injustiça social colocando uma contradição cruel para os profissionais ligados diretamente a essa problemática: O que fazer? Imobilizar-se? Simplesmente denunciar? Agir em qualquer direção? Preservar uma categoria profissional?

O estudo *"Assistência na trajetória das Políticas Sociais brasileiras"* pretende abrir um caminho de reflexão acerca desses problemas. Ao tentar analisar a questão da "Assistência Social" através de uma perspectiva histórica e abrangente, de análise da formação social brasileira e enquanto uma política governamental, este estudo abre uma trajetória fértil, ainda que complexa de investigação.

Certamente, a pesquisa efetuada apresenta, como qualquer trabalho, lacunas, interpretações polêmicas etc. Cabe lembrar porém, que seu mérito situa-se além desses problemas. Ele reside, exatamente, na coragem e na oportunidade de, ao questionar determinadas práticas, abrir caminhos para que novos trabalhos auxiliem, como este, o processo político de minimizar as tremendas desigualdades que caracterizam a sociedade brasileira dos anos 1980.

Pedro Luiz Barros Silva
Fundap

O propósito de repensar o assistencial no Trabalho Social coincide acertadamente com uma polêmica efetivamente em curso e central. É necessário superar as limitações da reconceitualização, já que esta, ao desprezar o "assistencialismo", caiu no erro de não compreender que a assistência, articulada com os movimentos sociais, podia contribuir no fortalecimento dos processos organizativos dos setores populares. Para isso, será necessário — como o texto coloca —, não ver somente que a assistência se reveste de um caráter paliativo, mas sim desvelar as determinações sociais e históricas que atuam para dar-lhe existência no interior das relações de classe em seu jogo contraditório, a partir da perspectiva dos interesses populares.

Cabe postular que a assistência é o que define o trabalho social como profissão. Sem assistência, o trabalho social deixa de ser, ou, o que é o mesmo, passa a ser outra profissão. A assistência, sem dúvida, tem caráter de classe. Se se deseja um trabalho social a serviço do povo, terá que ser uma assistência "liberadora" (mobilizadora, participativa, promocional etc.). O assistencialismo que a reconceituação quis desprezar correspondia à concepção paternalista, desmobilizadora e opressiva que requeriam as classes dominantes para controlar e submeter a insatisfação e protestos populares, porém, opondo-se a seu caráter reacionário, pretendeu também negar toda assistência, submetendo a profissão a um bloqueio paralisante.

Alejandrino Maguiña
Celats

"Parece-me que o objeto selecionado é sumamente importante, e dá oportunidade para elaborar perguntas significativas.

Neste momento apresenta importância conjuntural: quando vários países na América Latina reabrem o caminho democrático e as políticas sociais recuperam sua importância, contraditória, tanto para a dominação como para os movimentos de base.

Mais ainda, o objeto (o assistencial) se coloca no espaço de relações entre o Estado (a sociedade civil que se condensa no aparato estatal) e os setores populares (da dinâmica que perfila a situação e as oportunidades dos setores populares). Por isso, entender mais esse objeto permite iluminar melhor, a partir da prática do Serviço Social, todo um contexto que interessa ao conjunto das Ciências Sociais."

Diego Palma
Celats

São Paulo, setembro de 1985

PREFÁCIO À SEGUNDA EDIÇÃO

Com o caráter fundamental de trazer para debate e para objeto de pesquisa a questão da assistência e da assistência social, não se pode negar que este ensaio tenha conseguido tal objetivo. A sucessão de debates no âmbito de organismo governamentais, de universidades, as discussões informais sobre este texto foram contínuas desde a sua publicação.

Este processo vem suscitando um conjunto de indagações, não só para os interlocutores, como para os próprios autores.

A polêmica conjuntural acerca da cidadania fez deste tema uma das principais questões para aprofundamento.

O ardil contido no discurso acerca da expansão da cidadania, particularmente quando se refere às classes subalternizadas, provoca aparente homogeneização de matrizes teórico/políticas antagônicas, transformando capitalistas e trabalhadores em "aliados" na construção de relações democráticas. Com isto cria-se um aparente consenso que oculta tanto o balizamento liberal-burguês, da gênese deste discurso, quanto o confronto de forças e poder da relação de classes. Mas, por outro lado, é esse confronto de forças que possibilita que a luta das classes subalternizadas pela conquista de seus direitos sociais se constitua numa estratégia de ruptura no "jogo de conciliação" proposto pelas elites burguesas, sobretudo na Nova República. É só dentro desta conjuntura estratégica que se entendeu adequado o uso da expressão "nova cidadania", embora apontando para a necessidade de estudos que aprofundem a questão.

Nesse contexto, a assistência social enquanto prestação de serviços constitui uma mediação na relação de classes e é o desvelamento do caráter ideológico desta relação que permite apreendê-la como um espaço contraditório onde também ocorre a luta pelos direitos sociais.

São Paulo, maio de 1986

APRESENTAÇÃO

Como a questão assistencial está inserida nas políticas governamentais de corte social? Esse problema primeiramente concentrou as preocupações de um grupo de professores que vivenciam ou vivenciaram, no conjunto de suas práticas sociais, problemas concretos diretamente relacionados à assistência social; assim como concentrou o interesse de pós-graduandos em desenvolver pesquisas sobre as políticas e práticas assistenciais.

Num segundo momento essa mesma questão se tornou o objeto da análise que ora está sendo apresentada no sentido de indicar que aquelas preocupações que deram origem ao tema da análise implicam, além da busca de conhecimentos explicativos, a exigência de se repensar as propostas de atuação dos assistentes sociais.

O Programa de Estudos Pós-Graduados em Serviço Social da PUC-SP tem adotado exatamente a orientação de tematizar a assistência social. Assim, com este estudo busca-se a construção de referências teóricas que subsidiem novas investigações e, ao mesmo tempo, funda-se com ele a linha de pesquisa em assistência pública, ao lado das que já existem no programa.

Este trabalho é, portanto, o resultado de uma aliança da prática cotidiana e do estudo acadêmico, ou seja, da relação teoria-empiria que esteve presente desde a preocupação primeira.

O agravamento das já precárias condições de vida da população brasileira e suas formas de resistência a essa situação delimitaram a análise: tomou-se como marco inicial o ano de 1978 e restringiu-se a análise à realidade urbana.

A construção deste estudo não seguiu um caminho linear, vários movimentos permitiram a análise do objeto, conjugando dialeticamente teoria e prática. Dentre tais movimentos se ressalta:

- reflexões coletivas entre pesquisadores, professores, alunos e especialistas sobre a temática e sobre o texto-base norteador da pesquisa;

- discussões sistemáticas com agentes institucionais da Secretaria de Promoção Social do Estado (no interior e na capital) e Secretaria da Família e Bem-Estar Social da Prefeitura do Município de São Paulo, num total de nove seminários que envolveram em torno de 1.200 participantes;

- análise do relatório preliminar de pesquisa com especialistas, buscando ampliar a problematização do tema;

- discussão do tema no III Encontro de Trabajo Social en La Unidad Latinoamericana, ocorrido em Lima, em novembro de 1984;

- análise da bibliografia publicada e de relatórios de pesquisas em andamento sobre a temática.

A análise aqui desenvolvida não tem por objetivo a particularização de uma determinada prática ou o tratamento singular de uma experiência institucional. Sua matriz referencial se limita a tomar as políticas sociais brasileiras no seu conjunto. Com esse intuito adotaram-se três grandes cortes de análise:

- o assistencial como mecanismo presente nas políticas sociais;
- o assistencial como área de investimento do Estado brasileiro e produtor de bens e serviços à força de trabalho;
- o assistencial como mediação fundamental da prática do assistente social.

Entendendo ser neste âmbito que se inscreve a ação dos assistentes sociais, o Programa de Estudos Pós-Graduados em Serviço Social da PUC-SP adota como uma de suas linhas prioritárias de pesquisa o repensar a assistência social pública no Brasil, com o apoio do CNPq — Conselho Nacional de Desenvolvimento Científico e Tecnológico.

O tratamento do tema foi organizado em cinco capítulos interdependentes segundo a lógica utilizada pelos autores. Cabe ao leitor refazer esta lógica no seu exercício de leitura, segundo os seus próprios critérios seletivos.

ASSISTÊNCIA NA CRISE

bases e horizontes da questão

Oitenta milhões de brasileiros constituem uma população de provável dependência social.

Em outubro de 1984 a Secretaria de Assistência Social do Ministério da Previdência e Assistência Social, com base no PNAD-1982-FIBGE, mostrava que cerca de 64% dos brasileiros constituíam uma população de provável dependência social. Este número é composto por: quase 5% de maiores de 60 anos não economicamente ativos (5.802.521); quase 20% de menores de 10 anos (31.601.326); e 33% de maiores de 10 anos que não possuem rendimento fixo (40.501.863).

Sessenta milhões de brasileiros detêm 12,6% da riqueza nacional e, em contrapartida, 12 milhões de brasileiros detêm mais de 50% dessa riqueza.

De acordo com os censos FIBGE verifica-se que, em 1960, 50% da população brasileira (os mais pobres) detinham 17,4% da riqueza produzida no país. Em 1970 esta mesma população detinha 14,9% e, em 1980, este percentual desceu para apenas 12,6%. Enquanto isso, os 10% mais ricos da população brasileira, em 1960, detinham 39,6% da riqueza nacional, índice que passou em 1970 a 46,7 e, em 1980, a 50,9%.

Sessenta e seis milhões de brasileiros maiores de 10 anos vivem na zona urbana.

Em 1982, dos quase 91 milhões de brasileiros maiores de 10 anos de idade, 72,7% (66.096.495) viviam em regiões urbanas, de acordo com o PNAD-FIBGE. Destes, 82,8% viviam sem rendimentos, ou ganhavam menos de dois salários mínimos.

Mais de 50 milhões de brasileiros não têm água canalizada em seus domicílios.

De acordo com o PNAD-1982-FIBGE, 10.533.789 dos 27.401.345 domicílios não possuíam água canalizada. A precariedade de infraestrutura domiciliar demonstra a agudez da pauperização que atinge a população.

Vinte e um milhões de brasileiros que compõem a força de trabalho ativa ganham até um salário mínimo, o que cobre 23% de suas necessidades.

Em fevereiro de 1985, o Dieese (Departamento Intersindical de Estatística e Estudos Sócio-Econômicos) apontava que 40% da população economicamente ativa no Brasil ganhavam até um salário mínimo. O valor desse salário decaiu em quase 50%. Tendo por base os valores de dezembro de 1984, quando o salário mínimo era de Cr$ 166.560, seu equivalente em julho de 1940, quando foi instituído, corresponderia a Cr$ 309.936, valor que em janeiro de 1959 aumentou para Cr$ 446.561.

O Brasil é um dos países onde se registram as maiores taxas de desigualdade social.

World Devt Report, 1983

Possivelmente estas informações tornaram-se um lugar-comum para os brasileiros. A miséria é desnudada e apresentada em jornais, revistas, rádios, reportagens televisivas, filmes. Muitas perguntas surgem: como o brasileiro consegue ainda "manter o corpo em pé" e trabalhar? Com quais estratégias sobrevive? Como enfrenta a miséria e o desemprego?

Uma rede de solidariedade social é estimulada. Chega-se a alternativas do tipo: adote uma família nordestina! Adote um desempregado!

Há porém uma contrapartida a estas saídas, ao famoso "jeitinho brasileiro" de enfrentar situações difíceis: as políticas sociais, enquanto estratégias oficiais que devem dar respostas às necessidades da população.

É a partir disso que a direção desta análise se volta para as condições de acesso da população às políticas sociais, ou, ainda, para as garantias com que conta a população brasileira para enfrentar sua situação de miséria.

Estão em questão, portanto, as formas pelas quais o Estado incorpora as demandas sociais e as implicações que tal incorporação acarreta para a população.

Mas, se de um lado esta questão se funda na situação de pauperização, de; outro, ela procura cercar uma questão política presente na sociedade brasileira: a rearticulação de forças da sociedade civil e, nesta, o poder popular.

A rearticulação de forças democráticas, pauta da "Nova República", não pode se limitar à consagração de processos eleitorais.

Há que se pôr em exame também o efetivo conteúdo democrático das políticas e práticas hoje instaladas na sociedade brasileira.

Evidencia-se uma expressiva demanda por programas sociais mas, em contrapartida, a extensão da sua cobertura é uma resposta que, embora extremamente custosa aos cofres públicos, configura o problema tão só em termos de quantidade.

Romper a situação atual de miséria do povo brasileiro deve implicar um saldo que o fortaleça, que signifique um avanço na constituição de sua cidadania.

É neste contexto que se resgata a assistência como política governamental, essa forma histórica com que a sociedade enfrentou a miséria, a pauperização. Que contornos adquire ela hoje na sociedade brasileira? Seria a assistência um espaço de avanço do poder popular?

A criação de um ministério específico para dar conta dos pauperizados também é cogitada. Hoje se conta com uma Secretaria de Assistência Social junto ao Ministério da Previdência e Assistência Social. A Legião Brasileira de Assistência (LBA) é considerada como o órgão mais sólido de assistência social do governo federal e opera com 600 bilhões de cruzeiros.

"O presidente José Sarney, 55, extinguirá a Secretaria Particular de Assuntos Especiais da Presidência da República e indicará seu ocupante, Marcos Vilaça, 45, para presidente da Legião Brasileira de Assistência (LBA). Como principal órgão de ação social do Governo, a LBA se transformará na executora da Secretaria Especial de Ação Comunitária, que também será comandada por Vilaça.

Amanhã, Marcos Vilaça entrega ao presidente José Sarney a minuta de criação da nova secretaria especial, que se tornará o embrião do futuro Ministério de Ação Social do Governo. O presidente Sarney pretende, com isso, ocupar os espaços da Igreja e entidades filantrópicas, que vêm trabalhando junto às camadas mais pobres da população.

Num processo gradual a nova secretaria irá agregando outras entidades além da LBA, como a Funabem (Fundação Nacional do Bem-Estar do Menor) e o Projeto Rondon. A LBA, de todos estes órgãos de assistência social é o que tem a estrutura mais sólida.

Dispõe de um orçamento de Cr$ seiscentos bilhões e representação em quase todos os Estados brasileiros" (*Folha de S.Paulo*, 9/7/1985, p. 4).

Estas respostas governamentais, como novas conformações da racionalidade administrativa da burocracia estatal, podem contribuir para o fortalecimento dos interesses populares?

É neste contexto de exame crítico que a assistência precisa ser posta em questão.

Inicia-se esse exame pelos seus aspectos circunstanciais: as implicações com que a conjuntura de crise e de lutas populares marca a atual sociedade brasileira e traz para a análise a assistência.

1. A constituição do objeto de estudo

A crise econômica que "assola o mundo e o Brasil" é a causadora da pauperização da população brasileira. Esta é uma afirmação frequente a nível do senso comum. Com isto a pauperização, a desigualdade social é atribuída a uma situação circunstancial que a sociedade atravessa.

Sob a análise econômica a crise é de imediato associada a uma desproporcionalidade, isto é, consiste uma simples ruptura de regularidades funcionais que geram uma depressão da produção. Assim, ela é entendida como fase descendente do ciclo produtivo ou consequência de superacumulação ou subconsumo.

Diz respeito, portanto, a uma mudança, a algo que não se conforma como dantes. Em geral esse "antes" é o chamado *quadrado mágico* idealizado pelos economistas: elevado crescimento, baixa inflação, pleno emprego e equilíbrio externo. "É a situação de paz e milagre social" imaginariamente construída.

É há aqui uma questão fundamental para a leitura da crise: ela se refere a um antes e a um depois. Nela estão implícitas o rompimento de uma ordem e o reencaminhamento "à ordem". E é nesse espaço de "retorno à ordem", de "superação de crise", que precisa ser colocada em questão a direção da. emergência de "uma nova ordem".[1]

Há, portanto, uma relação intrínseca entre a leitura da crise e o destino para o qual é encaminhada a sua superação.

A crise econômica internacional da última década evidenciou o declínio do chamado "milagre econômico" brasileiro e fez com que a década de 1980 fosse iniciada com uma aguda crise econômica, política e social que pressionou a abertura política do sistema militar, autoritário e repressivo que ocupou o poder nacional até 1984.[2]

---

1. Ver a respeito o artigo de Rabah Benakovche, Crise, que crise? In: Bursztyn, Chain e Leitão (1984, p. 118-35). Benakovche considera que as principais pesquisas recentes sobre a crise, a partir de seus grandes traços, podem ser agrupadas em duas correntes: "de um lado, estão os economistas para quem a crise atual é a resultante de contradições do modo de produção capitalista" onde, "a problemática a que se refere pode ser resumida pela expressão 'crise do Estado-providência'"; "de outro lado, estão os administradores da economia ligados à análise dos encadeamentos conjunturais marcados pela alternância das recessões e recuperações". A onipresença do Estado na economia é o foco teórico desta corrente onde seus adeptos preconizam a "extinção" do Estado.

2. A crise atravessada pela economia mundial na última década é tida como das mais graves no mundo capitalista. De acordo com Fidel Castro, tal crise, embora cíclica no capitalismo, afetou inclusive os países socialistas desenvolvidos (Castro, 1983). Cabe relembrar que os estudos sobre o processo recessivo do Produto Interno Bruto (PIB) registram que, dos anos 70 para cá, dois grandes momentos de agudização são evidenciados nessa recessão: o primeiro entre 1974/5 e o segundo em 1980/83. Estes momentos tiveram efeitos diversos para as economias desenvolvidas e subdesenvolvidas.

Este processo foi iniciado com a modernização acelerada promovida por Juscelino Kubitschek e com o desenvolvimento dos anos 50. A partir de 1955 implantou-se a indústria automobilística, construiu-se uma extensa rede rodoviária, fez-se a transferência da capital federal para Brasília, instalaram-se grandes usinas hidrelétricas, a siderúrgica foi expandida etc.

Todas estas obras foram realizadas sem muita preocupação com suas consequências futuras. Os recursos para sua realização foram obtidos através de emissão de moeda, para cobrir o déficit da União. A economia como um todo apresentou um crescimento desigual onde as grandes indústrias foram as mais beneficiadas, pois tiveram seus mercados ampliados, bem como usufruíram de isenções fiscais, créditos a longo prazo e juros negativos. Este período favoreceu a produção de bens consumidos apenas pelos segmentos privilegiados pelo processo de concentração de renda.

A opção do governo de recorrer à inflação para a obtenção de recursos necessários para os investimentos provocou uma poupança forçada: o aumento da procura de força de trabalho não correspondeu a uma melhora do salário real dos trabalhadores e somente alguns grupos de trabalhadores qualificados foram de fato beneficiados nesta fase.

Desta forma, o final da década de 1950 apresentava um panorama em que a economia estava crescendo a todo vapor e a inflação aumentando aceleradamente. Contudo, os salários reais dos trabalhadores, apesar da elevação da produtividade, tendiam a cair. As massas urbanas e rurais estavam empobrecidas e vinham cada vez mais pressionando politicamente. Essa opção política do governo de acumular mediante poupança forçada estava se esgotando.

A crise política de 1961, com a renúncia de Jânio Quadros, agravou ainda mais os problemas econômicos. A partir de 1962, a taxa de crescimento da economia começou a cair atingindo seus pontos mais baixos entre 1963 e 1965 (recessão). Essa situação perdurou até 1967 quando a opção por sair da crise significou uma internacionalização da economia brasileira.

O golpe de 64 expressa a opção por um projeto de acumulação que vincula o país às "aventuras" do capital internacional e liquida com o Estado nacional populista.

"... o Estado tecnoburocrático capitalista autoritário que se instala, além de ditatorial estava profundamente empenhado em acelerar a acumulação capitalista e garantir a expansão das organizações burocráticas públicas e privadas" (Pereira, 1982, p. 58).

Ao acelerar a exploração capitalista o Estado expande seu poder o

"está presente em tudo, o tempo todo, quer sob a forma da legislação (regulamentando os salários, por exemplo), quer como investidor..." (Gianotti, 1984, p. 43).

Observa-se a instalação do Estado "autocrático-burguês" que, conforme assinala Florestan Fernandes, caracteriza-se por seu papel de regulador das relações sociais e gestor da economia (Fernandes, 1982).

O modelo econômico implantado supunha dois mecanismos básicos: a concentração de renda e a abertura para o exterior. Estava aí subjacente o arrocho salarial e o endividamento externo.

Num primeiro momento, entre 1964 e 1967, foi adotada uma série de medidas voltadas para solucionar a enorme crise em que o país se encontrava. As políticas econômicas caracterizavam-se pela rigidez e visavam, em primeira instância, acabar com a inflação via controle de preços, salários, déficit público, restrições creditícias, reorganização do sistema financeiro, e, ao mesmo tempo, buscavam estimular o investimento externo e incentivar as exportações. Desta forma, a proibição de greves e reajustamento de salários a níveis inferiores ao do custo de vida acabaram por deteriorar o poder aquisitivo das massas urbanas fazendo com que caísse sua demanda por bens de consumo.

A partir de 1967, a política adotada foi a de aceleração do crescimento tendo como fatores estimuladores: créditos abundantes à indústria automobilística e a outros ramos produtores de bens duráveis de consumo; elevação e reestruturação dos preços e tarifas dos serviços de utilidade pública; negociação externa. Paralelamente, a política de salários e financiamento resultou em uma aceleração do processo de concentração de renda. Há de fato um período de retomada do crescimento da produção industrial provocando forte elevação da taxa de acumulação de capital.

Conforme demonstra Belluzzo, o setor de bens de capital no período de 1971/1973 apresentou altas de crescimento decorrentes da acumulação do capital na indústria automobilística, do crescimento da siderurgia estatal e dos investimentos do Estado em telecomunicações, combustível e petroquímica. A principal marca do período é a não correspondência do ritmo acelerado da expansão ao da demanda corrente (Belluzzo, 1984, p. 99).

Este desenvolvimento das forças produtivas a partir de 1973 começou a se chocar com uma série de barreiras "físicas": o sistema de transporte deficiente, escassez de insumos básicos devido a uma demanda excessiva, aumento da inflação, ou seja, uma contradição entre um impulso cada vez mais poderoso para acumular e as limitadas disponibilidades para fazê-lo.

Nos países desenvolvidos ocorrerá, com esta crise, o fim do ciclo expansionista dos anos 1950, acelerado pela alta internacional do combustível. Nesse período, de acordo com os informes do Banco Mundial, ocorreu a primeira recessão do PIB em relação à última década. Esta recessão atingiu diferencialmente os países industrializados e os subdesenvolvidos. Enquanto a recessão do PIB nos países desenvolvidos registrou 6,1% em 1973, passando para 0,8% em 1974 e 0,4% em 1975, nas economias subdesenvolvidas o declínio foi menor, de 7,9% em 1973 para 5,9% em 1974 e 4% em 1975 (Banco Mundial, 1984, p. 12).

Nesta conjuntura o choque do petróleo refletirá no Brasil como um elemento a mais a se juntar a toda uma reversão da trajetória do crescimento: "o choque do petróleo foi um precipitador da queda da taxa de crescimento do produto, que de 12% em 1970/73 passou para 5,6 em 1975". Nesta época é elaborado o II PND, que pretendia um salto qualitativo na estrutura industrial brasileira e, ainda segundo Belluzzo,

> "não é excessivo afirmar que o eufemismo que inspirou o II PND, se, por um lado, evitou um ajuste recessivo da economia já naquela época, de outra parte bloqueou a busca de caminhos mais realistas para enfrentar a crise" (Belluzzo, 1984, p. 99).

Como enfrentamento a este primeiro pique de crise da década, os países capitalistas desenvolvidos, de acordo com Fidel Castro, procederam a mudanças estruturais que configuraram uma nova ordem econômica que, por sua vez, implicou uma nova divisão internacional do trabalho. Nesse novo cenário destaca: a concentração de poder do capital e da produção nas economias centrais; o crescimento do papel do Estado; a redução contínua do papel da agricultura; o incremento da extraterritorialização do capital através das transnacionais (Castro, 1983).

Tais medidas, é claro, afetaram as relações entre as grandes potências e as economias subdesenvolvidas, terminando por agravar a crise nestas economias. Principalmente porque uma das estratégias adotadas foi a elevação do custo do crédito externo e a diminuição do ingresso de capitais nesses países.

O endividamento externo brasileiro da segunda metade dos anos 1970, conforme evidencia Celso Furtado, foi um subproduto de uma política antiinflacionária que pretendia elidir o caráter estrutural das tensões que originavam a inflação (Furtado, 1983).

De acordo com a Cepal, outro aspecto que caracterizaria as relações internacionais entre o "centro e a periferia", além do endividamento dos anos 1970, seria a mudança de papel que os bancos privados iriam jogar como fonte de endividamento: de minoritários nos anos 1960, passariam a ser responsáveis por 80% da dívida externa da América Latina (Cepal, 1983).

No Brasil, foi adotada uma série de medidas de cunho eminentemente recessivo, que visavam um ajuste a curto prazo da economia brasileira às restrições externas. Segundo afirma Belluzzo,

> "a recessão deu o ar da graça já nos primeiros meses de 1981 [...] 1981 encerra o ano um da recessão brasileira — com um declínio de 4% do Produto Interno e 10% do Produto Industrial. No tocante às finanças públicas a situação tampouco era

melhor — evidencia um colapso dos esquemas de financiamento do governo" (Belluzzo, 1984, p. 105).

Para a Cepal, o tipo de gestão interna da crise adotado pelos países da América Latina reforça a própria crise; quando recorrem, em excesso, à política de endividamento externo, expandem o gasto interno, restringem as importações e liberam o sistema financeiro e a alta das taxas de juros. Contudo, é notório que a política restritiva dos países desenvolvidos repassa seus encargos da crise para as economias "dependentes", dada sua vulnerabilidade.

A economia brasileira em crise esgota seu padrão de acumulação e, se até 1980 dispunha de uma margem de manobra face à economia mundial, a partir de 1980 o esforço concentra-se na gestão da dívida externa.

O processo recessivo, ao lado da incapacidade política de romper este esquema, leva o Brasil e outros países latino-americanos a sujeitarem a economia do país ao controle do FMI.

Tal subordinação dos governos nacionais a orientações externas de programas de austeridade econômica resultou em altíssimos custos sociais (baixo nível de vida, desemprego, aumento da criminalidade etc.) e no custo político da perda de capacidade de decisão nacional.

No Brasil

"a política econômica até o início dos anos 80 — antes e depois do FMI — condenou-se a administrar um enorme passivo, externo e interno, o que certamente vai acabar corroendo suas engrenagens até o último parafuso. Em 1981, além da, perda de controle sobre os instrumentos de política econômica e da completa desorganização fiscal e financeira do Estado, a sociedade é obrigada a suportar o desemprego — o fantasma das falências, o desalento" (Belluzzo, 1984, p. 105).

"O agravamento da crise foi se acentuando de tal forma que recessão e desemprego deixaram de ser figuras de retórica para descerem às ruas. A crise atual não se exprime apenas através de índices desoladores de desempenho econômico, mas principalmente pelo notório desgaste das instituições de regulamentação e controle que presidiram o avanço da economia até o crepúsculo dos anos 60" (Furtado, 1983, p. 120).

De maneira simultânea, aumentou incessantemente o desgaste do governo ditatorial brasileiro. A ditadura militar e burguesa entrou em crise junto com a crise econômica, pois logo se evidenciou que o

"capitalismo monopolista, através de internacionalização, pode ferir os países pobres e dependentes ainda mais fundo que o livre câmbio sob o capitalismo competitivo. A ditadura não podia dar uma resposta política frontal a este problema sem espatifar-se ou, na melhor das hipóteses, sem avançar numa linha aventureira de promessas ousadas e de realizações muito magras [...] sob a forma de uma política de abertura revelavam-se as dificuldades, a fraqueza e a força do regime ditatorial" (Fernandes, 1982, p. 25-7).

De acordo com o Banco Mundial, o ajuste das economias "dependentes" aos ditames do FMI significou uma diminuição do consumo *per capita* da ordem de 2 a 10% ao ano em países como Brasil, Argentina, Chile e outros (Banco Mundial, 1984, p. 36).

A intensificação da pauperização e da espoliação da força de trabalho no período da crise criou as condições políticas de rearticulação da sociedade civil.

"Ao longo da crise, em escala cada vez mais intensa e geral, amplos setores da população, na cidade e no campo, juntaram-se à luta da classe operária e do campesinato pela democracia" (Ianni, 1981, p. 227).

As greves dos trabalhadores e a multiplicação de movimentos sociais passaram a configurar uma nova dimensão política ao tratamento, pelo Estado e pelo capital, dos interesses da força de trabalho. Instalou-se na sociedade brasileira uma conjuntura de luta,[3] marcada por nova e ampla politização do povo, que passou a impelir o Estado a um outro discurso e prática no enfrentamento da questão social, embora a conjuntura de crise também mantivesse o Estado incapaz de atender às grandes demandas por serviços sociais.

Diante destes fatos não se pode reduzir a pauperização da população brasileira a uma circunstância imediata. A penalização do trabalhador fez parte da alternativa de desenvolvimento adotada pelo poder econômico brasileiro associado ao capital internacional.

"A crise de um regime de acumulação *não é necessariamente* de ordem econômica. De fato, a crise reflete a trama dos mecanismos econômicos como lugares geométricos de luta de classes" (Benakovche, in: Bursztyn et al., 1984, p. 134).

As implicações da crise são de diferentes ordens, isto é, ao mesmo tempo econômicas, políticas e sociais. Como acrescenta Benakovche: "é o produto de lutas cujas implicações são a definição das normas sociais" (Benakovche, in: Bursztyn et al., 1984, p. 135).

---

3. Conforme o Dieese, em 1979 registraram-se 430 greves (43% na indústria), sendo que em São Paulo concentraram-se 40% das greves e dos grevistas.

Repensar, nesta conjuntura, a ação governamental no campo da assistência é posicioná-la enquanto seu direcionamento para os interesses das demandas sociais.

A assistência é um campo concreto de acesso a bens e serviços pela população pauperizada.

É a atual conjuntura de luta, de posicionamento das demandas por outra quantidade e qualidade de serviços públicos que permite colocar o tema da assistência como objeto de estudo. Posição esta que deve ser muito bem assinalada para que o resgate da assistência não sugira novas formas de reiteração da subalternidade da população.

2. As perspectivas de análise

É o contexto de lutas que permitiu estabelecer o ano de 1978 como base deste estudo, pois nele se constituiu uma conjuntura de enfrentamento popular.

O final da década de 1970, além de manifestar a agudização da crise econômica e o desenvolvimento de "propostas sociais" do governo buscando conformar um discurso distributivista é também o momento no qual a questão social é reposta a partir de nova posição da força de trabalho.

Reaparecem no cenário político forças sociais que recuperam o espaço vedado a partir de 64 e se expressam através dos movimentos sociais urbanos e rurais, do sindicalismo operário aliado aos intelectuais, profissionais e a uma parcela da Igreja que se posiciona a favor dos oprimidos. Estas forças questionam as medidas econômicas refletidas na crescente pauperização da população.

A pobreza, o desemprego e a violência ganham uma expressão dramática.

Nos centros urbanos, movimentos populares reivindicam a alteração das políticas de tributação e taxação de serviços básicos. Introduzem-se propostas de subsídios a fundo perdido, de isenção de taxas, como condição de acesso a serviços requeridos pelos segmentos pauperizados da população. Exemplos destas são os abonos, os fundos de subsídio habitacional, isenção ou redução de algumas taxas de consumo de serviços, o passe operário, o passe-desemprego etc.

O social torna-se campo de reivindicação coletiva onde os segmentos espoliados se manifestam e exigem um novo direcionamento das propostas sociais.

Esta nova conjuntura de luta e posicionamento da força de trabalho não significa, porém, o rompimento mecânico do Estado brasileiro com seu padrão de dominação fundado na herança do populismo e na prática autoritária.

As formas de incorporação dessas demandas sociais pelo Estado conformam as políticas sociais, sendo necessário avaliar até onde tais políticas são ou não um avanço para a população.

Pelo padrão de cooptação herdado do populismo tais políticas consistiriam mais na manutenção da cooptação do que no efetivo reconhecimento de direitos. Neste tipo de relação Estado/sociedade caracteriza-se a força do Estado frente a uma sociedade pobre, debilitada, mantida em uma condição de alienação. O caráter excludente desta forma de relação inclui de forma subalternizada, isto é, sem permitir às demandas o desenvolvimento de sua consciência de classe (Weffort, 1980).

Portanto, embora a intervenção estatal responda a pressões populares, os benefícios contidos em seus serviços são materializados como privilégios e não como direitos (Teixeira, 1984).

Os reflexos sociais da crise econômica têm aspectos diferenciais nos países desenvolvidos e nos subdesenvolvidos.

O rebaixamento da atividade econômica nas sociedades de capitalismo avançado e, junto com ele, a necessidade de maiores compensações sociais, levanta o debate quanto às efetivas intenções do *Welfare State* em dar uma solução à pobreza e às desigualdades sociais.

O avanço das soluções sociais do *Welfare State* no pós-guerra decorreu de um pacto interclasses no sentido de unir esforços para a reconstrução econômica, social e política das nações capitalistas envolvidas no conflito mundial.

Com isto não se pretende tomar o Estado de Bem-Estar como o horizonte desejável das políticas sociais, mas tomá-lo como referência para mostrar a distância das políticas sociais brasileiras em relação à sua própria referência.

Assim, embora muitas vezes pretendendo pautar-se no "modelo do bem-estar social", o caráter excludente do regime autoritário burocrático e suas vinculações aos interesses privados não conformam como direitos as políticas sociais adotadas.

Enquanto a crise econômica evidenciará nos países desenvolvidos a crise do Welfare State *entende-se que, em contrapartida, evidenciará nos países subdesenvolvidos, como o Brasil, o emergencial das políticas sociais.*

O assistencial é uma das características em que se expressa a ação do Estado brasileiro nas políticas governamentais de corte social.

Uma das formas através das quais se pretende demonstrar esse assistencial consiste em evidenciar a *emergência* da qual se revestem as ações estatais, no campo social.

É o assistencial que imprime o caráter de emergência às políticas sociais.

É preciso tornar claro que não se está tomando a emergência como a análise da capacidade governamental em responder com prontidão e rapidez de ação. O caráter de emergência é aqui conotado como respostas estatais eventuais e fragmentadas. Com isto, as políticas sociais brasileiras terminam sendo mais um conjunto de programas, cuja unidade se faz a reboque dos casuísmos de que surgiram.[4]

A agudização da pauperização termina colocando em questão não só a necessidade de expansão dos serviços sociais como também as alternativas que adota enquanto garantias efetivas de resolução das necessidades da população.

Ao contrário de caminhar na direção da consolidação de direito, a *modalidade que irá conformar as políticas sociais brasileiras será primordialmente o caráter assistencial.* Com isto o desenho das políticas sociais brasileiras deixa longe os critérios de uniformização, universalização e unificação em que se pautam (ou devem pautar) as propostas do *Welfare State*. Em contraposição à universalização utilizarão, sim, mecanismos seletivos como forma de ingresso das demandas sociais.

Neste processo seletivo o assistente social, entre os demais profissionais, desempenha um papel primordial no processamento desses mecanismos.

Na divisão sociotécnica do trabalho, o assistente social tem sido demandado como um dos agentes "privilegiados" pelas instituições geridas diretamente pelo Estado, ou por ele subvencionadas, para efetivar a assistência. O caráter histórico de sua atividade

---

4. Sabe-se que no Brasil falar ou adotar medidas a longo prazo é um eufemismo dos discursos oficiais. Como o é também o assentamento das decisões políticas em bases de negociação com a força de trabalho. Portanto, dificilmente as políticas sociais, como forma de gestão estatal da força de trabalho, receberiam outro tratamento que não o casuístico.

profissional em qualquer instituição está voltado prioritariamente à efetivação da assistência.

Via de regra a efetivação das políticas sociais é o espaço primordial da prática do assistente social, embora outros profissionais também o integrem. Ele está diretamente vinculado à efetivação dessas políticas, entendidas enquanto mecanismos de enfrentamento da questão social, resultante do confronto capital-trabalho.

Compreender a questão assistencial na trama das relações sociais que caracterizam a conjuntura brasileira atual e, nesta, a ação do assistente social, são aspectos prioritários desta análise. Qualifica-se como *questão assistencial* o imbricamento das políticas governamentais por uma face assistencial no enfrentamento da questão social.

As políticas sociais governamentais são entendidas como um movimento multidirecional resultante do confronto de interesses contraditórios. A exclusão dos interesses da força de trabalho não é o movimento unívoco do Estado e de suas práticas. O Estado brasileiro, embora um Estado burguês, que representa em última instância os interesses dos segmentos hegemônicos, expressa esses interesses de classe contraditoriamente.

Lucio Kowarick afirma a propósito:

"A dominação é contraditória em dois níveis. Primeiro, porque expressa alianças de classes ou de frações dominantes que não são similares, e que portanto refletem conflitos muito variados que se constituem em fonte de pressão permanente".

E conclui adiante:

"é contraditória também, e fundamentalmente, porque se o Estado exclui as chamadas classes dominadas, tem, em certa medida, que incluir alguns de seus interesses" (Kowarick, 1979, p. 7).

Portanto, o Estado burguês, ao lado da exclusão econômica e política, deve assegurar uma distribuição de benefícios e o atendimento a demandas da força de trabalho, ainda que se contraponham a certos interesses do capital.[5] É, portanto, um Estado de alianças, inclusive de interesses conflitantes que se modificam no curso no processo histórico. Neste movimento são as políticas sociais o espaço de concretização dos interesses populares, embora absorvidos no limite do pacto de dominação.

Com isto se afirma que o Estado, além de ser o "comitê executivo", é um campo estratégico na luta de classes.

Embora nesse embate se constitua um espaço de conquistas populares, a consolidação dessas conquistas passa pelo desmascaramento do assistencial presente nas políticas sociais brasileiras.

A partir das características da sociedade brasileira, de sua história, o enfrentamento da pauperização reclama que no seu bojo contenha o fortalecimento da sociedade civil.

---

5. Esta concepção é trabalhada em artigo de Kowarick que explica este processo que caracteriza o Estado "dependente" latino-americano: "[...] o pacto de dominação pode dar conta deste processo[...]" e este "representa, em última instância, a defesa dos interesses básicos e fundamentais das frações dominantes. Porém reflete sempre uma dinâmica de oposições e conflitos que ocorrem no âmbito das classes dominantes (contradições secundárias) que se fazem secundárias ante o inimigo principal na medida em que este põe em risco o caráter básico do 'pacto de dominação' que é o nível onde se inscrevem as contradições principais. Contudo, é importante ressaltar que as reivindicações e pressões das classes subalternas podem ser incorporadas na medida em que não afetam o caráter básico do *pacto de dominação*. Em suma, frente ao movimento de forças sociais, o Estado, em primeiro lugar, mantém as normas de exclusão econômica e política que constituem a essência do pacto de dominação. Em segundo lugar, deve assegurar uma distribuição de benefícios para as classes e frações sobre as quais está contraditoriamente estruturado o pacto de dominação" (Kowarick, 1979, p. 8).

Põem-se em questão as bases de legitimação das políticas sociais, entendendo que *a questão do enfrentamento da crise brasileira não é só romper o emergencial na direção da efetivação de políticas sociais, mas de ter em conta principalmente as bases dessa consolidação. É trazer as forças populares para o cenário da decisão.*

Há um movimento possível no interior das políticas e práticas sociais, não estando implacavelmente destinadas à reiteração da subordinação e do controle social. A partir dessa compreensão delineia-se como hipótese orientadora dessa análise: *às práticas assistenciais governamentais, enquanto produtoras de bens e serviços, são um espaço para a constituição de uma nova forma de cidadania para as classes subalternizadas.*

O objeto desta análise se constitui, assim, em trabalhar o corte assistencial das políticas assistenciais e, por outro lado, a inserção do assistente social nessas práticas.

Não basta a constatação empírica dos assistentes sociais de que a assistência que acontece se reveste de um caráter paliativo, não resolvendo os problemas de força de trabalho, que aumentam a cada dia. Impossível uma leitura da assistência de *per si*, sem atentar para as determinações sociais e históricas do significado da assistência como política governamental, de sua imbricação com as relações de classe e destas com o Estado.

Em momentos de crise, a prática do assistente social se torna fundamental, pois exige a busca de estratégias teórico-práticas no interior das políticas assistenciais que contribuam para o fortalecimento do processo organizativo dos setores populares, em articulação com os movimentos sociais.

Nessa prática, identificam-se na atual conjuntura da crise econômico-social questionamentos políticos tanto quanto ao "fazer profissional", como quanto à adoção de determinados programas e estratégias de ação governamentais que de fato se comprometam e efetivem o ressarcimento da dívida social para com os trabalhadores, como também avancem no processo de fortalecimento e constituição de sua cidadania, fazendo valer seus direitos políticos e sociais.

A persistência da prática assistencial no exercício profissional é, portanto, o argumento que se levanta mais imediatamente para justificar esta investigação. E aqui residirá um questionamento: por que a possibilidade histórica de, neste momento, discutir a assistência que, embora persistente, ainda é negada na categoria? Esta discussão representa um reacionarismo ou um avanço para o Serviço Social?

Para que a questão não se configure como uma "contramarcha" no sentido de reeditar a "ideologia assistencialista mais fortalecida e menos ingênua" (Santos, 1979, p. 25), é importante delinear referenciais para seu tratamento.

Está em curso um reposicionamento teórico e político da categoria sobre a questão que em absoluto significa um retomar o passado. A conjuntura social e econômica dos anos 1960 e as respostas do Serviço Social de então modificaram-se nos atuais anos 1980. A retomada da questão deve, portanto, realizar-se historicamente.[6]

---

6. É importante que se aclare o posicionamento do Serviço Social da Pontifícia Universidade Católica (PUC-SP) no desenvolvimento deste estudo. Há sem dúvida um compromisso histórico da Faculdade de Serviço Social da PUC-SP com o Movimento Latino-americano de Reconceituação, iniciado na segunda metade da década de 60, assim como de algumas outras escolas brasileiras. Este movimento, em seus marcos iniciais, negou a assistência como um dos elementos da prática profissional, dada a reiteração das características conservadoras que esta prática implica. Assim, pode parecer à primeira vista que a PUC-SP estaria se redimindo de seu "erro histórico" ao se propor a analisar a assistência social pública e o exercício de sua prática pelos assistentes sociais. Face à atual conjuntura, a prática da assistência vem sendo retomada nas discussões e reflexões da categoria dos assistentes sociais

Repensar as políticas sociais, hoje, não significa buscar apoio no discurso liberal segundo o qual o cidadão deve prover seu "livre" consumo individual na iniciativa privada. A questão deve ser resgatada a partir da perspectiva de classe, o que implica remeter esse conceito a uma dimensão coletiva.

Não se pretende afirmar, com a hipótese orientadora desse trabalho, que há uma possibilidade nas sociedades capitalistas de conciliação entre acumulação e equidade. Mas afirmar, sim, este espaço como uma relação de forças sociais onde se movem autoridades, porta-vozes governamentais, técnicos, críticos, partidos políticos, movimentos populares, entre outros. Não se trata de um movimento homogêneo, enquanto espaços, formas, valoração etc. É uma relação marcada por posições de classes, nem sempre claras e conscientes a todos e a cada um.

---

e, em especial, entre aquelas que se dedicam à formação profissional. A própria Associação Brasileira de Ensino de Serviço Social (ABESS), ao apresentar a concepção da profissão para o novo currículo mínimo, reconhece que a ação profissional do assistente social se deu historicamente através da assistência a "estratos carentes da população".

POLÍTICA SOCIAL E O ASSISTENCIAL

a reconstrução do significado

O assistencial, como face adotada pelas políticas sociais públicas, no caso brasileiro, é uma categoria de análise fundamental para construir a explicação que se objetiva no presente estudo.

O Brasil, como um dos países ao mesmo tempo *subdesenvolvido e industrializado*, guarda como característica fundamental a convivência de um capitalismo moderno marcado pela extrema concentração de renda, ao lado de um capitalismo predatório que produz e reproduz de forma selvagem e impune profundas desigualdades sociais.[1]

---

1. Consulte-se, para esse conceito, o trabalho de Kowarick (1984, p. 2). Adotou-se aqui uma leitura combinada para explicitar o capitalismo brasileiro, uma vez que alguns conceitos não possibilitam apreender suas particularidades. Caracterizá-lo como dependente (neocolonial, periférico, marginal) torna-se insuficiente, na medida em que, no capitalismo monopolista (ou transnacional, como preferem outros; ver, a propósito, Maria de Lourdes Covre, 1983), a dependência atinge tanto a "metrópole/núcleo/central" como a "colônia/satélite/periferia", quer sob o aspecto econômico quer sob o político. Não se pode distinguir entre central e periférico porque existem dependências. Esta definição seria no mínimo tautológica, na medida em que todas as sociedades capitalistas se inserem em relações de domínio e intercâmbio dada a divisão internacional do trabalho. A ideia de capitalismo asso-

A desigualdade e o pauperismo são resultantes necessárias da busca da acumulação sem limites, contudo, são também campos de prática do Estado enquanto "tutor" do "bem comum".

A assistência tem se constituído o instrumento privilegiado do Estado para enfrentar a questão social[2] sob a aparência de ação compensatória das desigualdades sociais. Para isso, institui políticas e cria organismos responsáveis pela prestação de serviços destinados aos trabalhadores identificados como pobres, carentes, desamparados.[3]

---

ciado termina sendo mais próxima do real. Outro conceito, de capitalismo retardatário ou tardio, constituído por João Manuel Cardoso de Melo, que poderia dar conta das contradições particulares do capitalismo brasileiro, vem sendo contestado enquanto possa indicar a simples defasagem de tempo histórico (tardio-avançado), sem levar em conta a reiteração da desigualdade característica das relações capitalistas de produção a nível internacional. Francisco de Oliveira completa a caracterização das combinações que marcam o capitalismo brasileiro, quando diz que este resulta do casamento do regime autoritário com a impunidade do capitalismo. "O regime autoritário empurrou o capitalismo brasileiro a acumular de qualquer forma e a qualquer preço" (*Folha de S.Paulo*, 13/10/1984, p. 34).

2. A questão social é aqui considerada como o conjunto de problemas políticos, sociais e econômicos engendrados pela sociedade capitalista historicamente resultante da constituição do operariado. Vincula-se, pois, visceralmente à relação capital-trabalho. Aparece no Brasil como questão concreta e reconhecida legitimamente na década de 30. Consultar Gisálio Cerqueira Filho (1982, p. 21 e ss).

3. Guilhon de Albuquerque, analisando a *estratégia de saúde comunitária e as políticas de saúde no Brasil*, conclui ao final do Capítulo I de seu trabalho, (1977, p. 22-3) : "[...] No âmbito do planejamento oficial da Política Nacional de Saúde do Estado capitalista brasileiro, o objetivo principal é o da reparação da força de trabalho, essencial para a reprodução das relações capitalistas. Entretanto, o capitalismo se desenvolveu no Brasil com um grande percentual de dilapidação dessa força de trabalho, tendo em vista sua abundância nas grandes cidades, basicamente devido ao processo de migrações internas. [...] Dessa forma, o problema da reparação da força de trabalho está, na atualidade, ligado de um certo modo ao desempenho das instituições estatais [...] existe um limite possível para a atuação dessas instituições a partir do qual o mais importante não é a recuperação direta da mão de obra, mas outros elementos que contribuem para a sua reprodução, fora do mercado de trabalho, mas sob um mínimo de controle".

A ação assistencial do Estado está imbricada na relação capital-trabalho, se faz nas sequelas da exploração da força de trabalho, que, por sua vez, se expressam nas precárias condições de vida das classes subalternizadas.[4] Isto não significa que o assistencial se constitua um mecanismo que "resolva" ou "dê solução" a esse conjunto de problemas nascidos da contradição fundamental da sociedade capitalista. Não significa, também, que a manutenção "assistida" da subalternidade seja a única forma de enfrentamento da questão social pelo Estado. *A presença do assistencial nas políticas sociais conforma o usuário, possível gestor, em beneficiário assistido.*

Há que compreender melhor esse mecanismo político como também articulá-lo com formas autoritárias, aparentemente oponentes à assistência, que se fundamentam no uso da repressão e da coerção. A combinação repressão/assistência tem se evidenciado como a forma histórica de tratamento das desigualdades sociais.[5]

Em síntese, no Brasil, o enfrentamento do crescente processo de pauperização e espoliação dos trabalhadores se deu pelo uso convergente de duas estratégias básicas mantidas pelo Estado:

---

4. Optou-se neste trabalho pela expressão interpretativa classes subalternizadas, por entender-se que:

a) deste modo se considera a subalternidade como uma modalidade histórica de dominação que pode ser rompida: "...estão subalternizados".

b) e se supera a possível excludência de outras formas de inserção no processo produtivo e de consumo que o conceito de proletariado possa sugerir. Embora seja este um conceito preciso, enquanto luta de classes, deve ser historicizado de modo a dar conta das heterogeneidades dos segmentos da força de trabalho tanto em nível de produção, quanto da reprodução das condições de vida. A esse respeito, veja-se Durham (1984, p. 26 ss), Wanderley (1978, p. 108) e Weffort (1978, p. 72).

5. Ver a propósito os livros de Covre (1983), Iamamoto e Carvalho (1982, Cap. 2).

— o uso de um regime autoritário e excludente; e,

— a introdução de políticas sociais calcadas no modelo assistencial. E aqui se coloca a questão/hipótese que esta investigação busca encaminhar conceitualmente: será que o mecanismo assistencial reiterador da exclusão presente nas políticas sociais contém um espaço para a expansão da cidadania às classes subalternizadas?

1. O assistencial na política social

A introdução de políticas sociais calcadas no modelo assistencial consagram formas populistas de relação e a benevolência enquanto forma de atendimento às necessidades de reprodução da sobrevivência das classes subalternizadas.

Esta apreensão nos leva imediatamente a uma leitura perversa do assistencial como o mecanismo primordial da reiteração da subordinação e, portanto, do assistencialismo.

A superação desta apreensão mecânica passa pelo significado histórico do assistencial como forma de enfrentamento da questão social no caso brasileiro.

É o mecanismo assistencial que configura a exclusão enquanto mantém o trabalhador na condição de assistido, beneficiário ou favorecido pelo Estado e não usuário, consumidor e possível gestor de um serviço a que tem direito. Mas, contraditoriamente, ao excluir, inclui, enquanto forma de atendimento das suas necessidades sociais na sociedade capitalista.[6]

---

6. Dando continuidade ao estudo do Programa de Assistência à Criança (PAC), Guilhon de Albuquerque, na pesquisa citada, e analisando os serviços prestados pelo programa, conclui que, ao lado de se constituírem em forma de disciplinar

Embora a exclusão faça parte das regras de manutenção do poder econômico e político do Estado, a inclusão dos interesses da força de trabalho também o faz. O pacto de dominação contraditoriamente atende a interesses e reivindicações tanto das classes dominantes quanto das classes subalternizadas e, nesse sentido, assume o caráter de sua inclusão.[7]

O assistencial, como mecanismo presente nas políticas sociais, revela-se, ao mesmo tempo, como exclusão e inclusão aos bens e serviços prestados direta ou indiretamente pelo Estado.

Em contrapartida, para as classes subalternizadas, as políticas sociais se constituem um espaço que possibilita o acesso a benefícios e serviços que de outra forma lhes são negados. Espaço este de lutas, confronto e expansão de direitos.

É a presença do mecanismo assistencial nas políticas sociais que as configura como compensatórias de "carências". Com isto torna-se justificatório para o Estado selecionar o

---

hábitos sociais são, ao mesmo tempo, possibilidade de "[...] acesso de determinada faixa de população aos serviços de saúde que, em outras circunstâncias, ser-lhes-iam negados, tendo em vista suas próprias condições de existência. O Programa representado pelos seus serviços também facilita o acesso dessa clientela a benefícios materiais que, pelas mesmas razões, estão fora de seu alcance. Este segundo aspecto se sobrepõe muitas vezes ao primeiro. Para a população que se utiliza do Programa, o benefício material é, na maioria das vezes, um dos últimos recursos para a sua sobrevivência. Isto porque a pauperização já chegou a um ponto tal em que as condições podem favorecer a ultrapassagem daquele limite entre a submissão e a contestação. Dessa forma, para a maioria da clientela, os serviços prestados pelo Programa funcionam como paliativo de situações pauperizadas de existência, contribuindo para manter a 'questão social' dentro de limites toleráveis".

7. Ver Kowarick (1979) e Marcos Antonio E. L. S. Coimbra, que em "Política e políticas de bem-estar: uma periodização da experiência brasileira" (1979, p. 2) assim afirma: "[...] políticas sociais só podem ser entendidas em um quadro explicativo onde tanto o Estado e as alianças de classes que o sustentam, quanto as camadas populares têm papel dinâmico".

grau de carência da demanda (financeira, nutricional, física etc.) para incluí-la/excluí-la dos serviços ou bens ofertados pelos programas sociais. Mesmo os serviços produzidos pela Previdência Social aos securitários recebem a tipificação de benefícios.

Atestar o grau de carência passa a ser uma preocupação básica. É ela o "passaporte" para o ingresso no aparato das exigências institucionais. E aqui reside, inclusive, uma das funções persistentes dentre as atribuições dos assistentes sociais: a triagem socioeconômica. O assistente social é o profissional legitimado para atribuir o grau de carência do "candidato" a usuário e o Serviço Social é a tecnologia que dá conta da racionalidade desse processo.

Outro efeito da presença do mecanismo assistencial consiste em permitir a justificativa de um rebaixamento na qualidade dos serviços. Enquanto dirigidos a pessoas de "poucas exigências", "ignorantes", os programas sociais podem ser reduzidos a soluções precárias. Na perspectiva assistencial, os serviços públicos se destinam a uma população dita "carente e minoritária". Neste sentido são prestados em condições precárias, quantitativa e qualitativamente, e estabelecem clientelas elegíveis dentre os demandatários.[8]

---

8. Muitos exemplos a esse respeito podem ser relembrados: construções de conjuntos habitacionais, de equipamentos, como creches que oferecem pisos de cimento rústico para as crianças que não conhecem "pisos plásticos". A pesquisa já citada de Guilhon de Albuquerque no seu Capítulo II sob o título "A necessidade da carência: a instituição e sua clientela", traz elementos sobre essa questão: "[...] parece existir certo acordo entre todos os atores institucionais, no sentido de representar a Instituição como entidade *assistencial, benevolente* mas *precária* e de um duplo ponto de vista: por contar com poucos recursos e pela natureza mesmo de sua tarefa assistencial. A falta de recursos é encarada de modo impessoal ('faltam recursos', 'falta pessoal'), nenhum dos atores em jogo se sente responsável ou responsabiliza algum ator específico: parece ser da própria natureza da *Instituição Assistencial*. [...]

O mecanismo assistencial permite ainda um corte emergencial nas políticas sociais. Como formas duradouras possibilitam consagrar direitos, como respostas emergenciais podem fragmentar a demanda em graus de urgência para atendimento, instalando clientelas elegíveis.

Com isto as políticas sociais se prestam a reduzir agudizações e se constituem em espaço para que o grupo no poder possa, de um lado, conter conflitos e, de outro, responder "humanitariamente" a situações de agravamento da miséria e espoliação de grupos sociais.

A alternativa histórica do tratamento das desigualdades sociais pelas políticas públicas de corte social no Brasil não se isola das formas históricas pelas quais o capital segue tratando a força de trabalho em nível internacional.

O assistencial é uma forma de caracterizar a exclusão com a face de inclusão, pela benevolência do Estado frente à "carência dos indivíduos". Não é ele, de *per si*, a exclusão. Esta se dá também nas políticas sociais das sociedades capitalistas desenvolvidas, uma vez que, no limite, o conflito capital-trabalho permanece mantendo a desigualdade social. Mesmo ampliando-se a qualidade e quantidade do usufruto de bens e serviços pela força de trabalho o Estado burguês permanece pautando a "distributividade" das soluções nos limites dos interesses do capital.

---

enquanto os agentes definem a clientela como carente, apenas se pode afirmar que a clientela admite que lhe faltam coisas, sem se definir como sujeito das carências. Por outro lado, a coincidência entre o que a clientela nota que lhe faz falta e as carências pelas quais os agentes a definem é apenas parcial. Os agentes (agentes privilegiados) se estendem sobre toda uma gama de metáforas da falta, definindo a clientela (CLI) como carente de recursos, desorientada, sem direitos, ignorante e com dificuldade de comunicação. Já entre as representações da própria clientela, apenas aparece reconhecida a falta de direitos (sobretudo, mencionada 3 vezes em 6), de recursos e de saber".

Mesmo as análises sobre o capitalismo avançado, como a de Gough, afirmam que os programas sociais não chegam a se constituir em mecanismos redistributivos alteradores das desigualdades sociais. Para alguns analistas a redistribuição nem chega a se colocar como objetivo. Os programas sociais são as formas pelas quais o Estado amplia sua responsabilidade face ao custo de reprodução das condições de vida dos trabalhadores constituindo-se, ao mesmo tempo, em formas de controle social e de diminuição dos graus explosivos da luta de classes (Gough, 1975).

Não se trata, entretanto, de uma leitura imobilista do Estado burguês frente às classes subalternizadas. A leitura de seus limites não significa a negação de suas possibilidades. O *Welfare State* — O Estado de Bem-Estar Social — foi a alternativa histórica das sociedades capitalistas do pós-guerra para a resolução das desigualdades sociais. A partir daí ocorreu uma forma combinada entre a chamada política econômica keynesiana e o *Welfare State*. Enquanto aquela proporcionava um crescimento econômico sem precedentes — regulado e estimulado —, as políticas sociais amenizavam tensões e conflitos, potenciando a produção ou facilitando o consumo.

Na perspectiva keynesiana a política social teria a função econômica de subsidiar o consumo ou o subconsumo. Salário indireto que estimularia e possibilitaria o ingresso dos excluídos no mercado.

No caso brasileiro, nos discursos oficiais a face que se apresenta das políticas sociais é a da "preocupação" com os direitos humanos (Covre, 1983). Embora entendendo ser este um mecanismo de controle social, para apaziguamento das tensões sociais, já usado historicamente por Vargas junto aos trabalhadores, considera-se que a compreensão das políticas sociais como intrinsecamente perversas, como ação maquiavélica do Estado junto às classes subalternizadas não explica um lado da questão.

A dupla face da política social diferencia-se nas diversas conjunturas e momentos históricos e em suas particularizações, enquanto prevalência de uma ou outra característica. *Para o Estado, a ação compensatória tem um uso político que se expressa na viabilidade de tutela e na demonstração da face humanitária do capitalismo.*

As políticas sociais devem garantir, no mínimo, "a ilusão do atendimento", ainda que o real sejam as "filas dos excluídos". A construção do "sonho" faz parte da estratégia de coesão social mesmo que na prática esta política continue a introduzir ou manter diferenciações entre segmentos da classe subalternizada (Covre, 1978).

Não se pode esquecer que as políticas estatais são um espaço para a mercantilização do social através do repasse, pelo Estado, de recursos para a iniciativa privada. Os serviços tornam-se um campo lucrativo de investimentos do capital, contando ainda com as vantagens tributárias e fiscais que tais programas supõem (Iamamoto, 1982). Outra alternativa, que se compõe com esta, é o repasse de recursos a entidades de caráter filantrópico, que terminam por diluir as obrigações do Estado e os possíveis direitos do cidadão em ações de solidariedade da sociedade em prol dos mais "pobres" e "fracos".

Os recursos que sustentam as políticas sociais

> "constituem parte do valor criado pela classe trabalhadora, apropriado pelo Estado e pelas classes dominantes e repassado às camadas populares sob forma de 'benefícios' concedidos pelo poder público, como expressão humanitária do Estado" (Iamamoto, 1982, p. 114).

Trata-se, portanto, da transformação da mais-valia em políticas sociais que o próprio trabalhador paga com seu sobretrabalho.[9]

A política social tem sua gênese na relação capital-trabalho, mas não chega a ser só controle ou só salário indireto. Nessas explicações, ela assume o caráter de mecanismo regulador das relações sociais. O casuísmo histórico de que a política social se revestiu, como estratégia para o desenvolvimento econômico, reforça essa compreensão. É na correlação das forças sociais que a política social se estabelece e se modifica, a partir das transformações das relações de apropriação econômica, como também do exercício da dominação política. No caso brasileiro, modifica sua trajetória, como mostra Evaldo Amaro Vieira: estratégia de mobilização e controle das populações carentes (1951-1964); representação do conjunto de direitos da população perante o Estado (1957-1964); espaço de representação de interesses populares (1957-1964); controle das classes subalternizadas (após 1964); espaço de retribuição do usuário enquanto prestação autofinanciada de serviços por encargos sociais (após 1964); subtração dos interesses populares no processo decisório e agravamento das condições de vida da população (após 1964); mecanismo de desmobilização social enquanto substituto das alianças por planos assentados no pensamento tecnocrático (após 1964) (Vieira, 1983).

Não se nega que a política social é um mecanismo que o Estado utiliza para intervir no controle das contradições que a relação capital-trabalho gera no campo da reprodução e reposição da força de trabalho, ou, ainda, que cumpre uma

---

9. Esta compreensão foi bastante discutida no III Congresso Brasileiro de Assistentes Sociais em 1979. Ver Anais, CFAS/CRAS.

função ideológica na busca do consenso a fim de garantir a relação dominação-subalternidade e, intrinsecamente a esta, a função política de alívio, neutralização das tensões existentes nessa relação. É ela uma forma de gestão estatal da força de trabalho e, nessa gestão, não só conforma o trabalhador às exigências da reprodução, valorização e expansão do capital, mas também é o espaço de articulação das pressões e movimentos sociais dos trabalhadores pela ampliação do atendimento de suas necessidades e reivindicações.

É, portanto, na perspectiva de um espaço onde estão presentes forças contraditórias que nos interessa compreender as políticas sociais. Um espaço que pode contribuir para o fortalecimento dos processos organizativos dos setores populares.

2. O assistencial e a conquista da cidadania

A primeira vista poderá parecer que denunciar o *assistencial* como "mero" mecanismo de acesso das classes subalternizadas a bens e serviços consiste numa postura conformista que, ao explicar, cria formas de justificar a reiteração dessas práticas. Pretende-se, porém, ir além do justificatório, buscando a compreensão desse mecanismo político como relação das forças sociais.

As políticas sociais não são simples produtos unidirecionais e autônomos da burocracia das instituições governamentais. Muitas vezes, o imediato caráter racionalizador das ações desses órgãos, expresso nos planos e programas, produz este efeito para os profissionais, que, ao se deterem na leitura e reprodução de procedimentos e ideários desses planos, não têm presente a compreensão destas práticas como políticas sociais e seu significado para as classes subalternizadas.

Mas, por mais paradoxal que possa parecer, o avanço das políticas sociais terminam por ser menos a ação do Estado em prover a justiça social e mais o resultado de lutas concretas da população. Estas duas faces fazem parte da política social. De um lado, instrumento de superação (ou redução) de tensões sociais, forma de despolitizá-las e encaminhá-las para frentes menos conflitivas na relação capital-trabalho, de outro, espaço de expressão de interesses contraditórios das classes sociais: luta pela determinação do valor da força de trabalho e atendimento às necessidades objetivas do capital. Nesse sentido, as políticas sociais são mais que condições de reprodução das condições de vida do trabalhador: são formas de realização de direitos sociais e, consequentemente, da cidadania.[10]

Esta afirmação supõe um Estado, mesmo burguês, onde teoricamente os direitos são assegurados universalmente. Porém, o simples reconhecimento dessa universalidade não garante a realização da igualdade.[11]

A presença do mecanismo assistencial nas políticas sociais brasileiras conforma a vida do trabalhador em condições

---

10. O conceito de cidadania é ambíguo, historicamente marcado pela perspectiva liberal, e utilizado em sentidos diversos. Ora significa, na perspectiva de eliminar diferenças, uma expressão de igualdade de todos. Ora diz respeito àqueles "que têm responsabilidades públicas, inclusive o direito de participar das decisões políticas". Em sua acepção mais ampla, conforme aponta Dalmo Dallari (1984), a noção de cidadania busca expressar a igualdade dos homens em termos de sua vinculação jurídica a um determinado Estado. Não há, portanto, cidadão que não seja cidadão de um Estado. A condição de cidadão está vinculada à legislação do Estado, portanto, este tem o poder de definir os condicionantes do exercício da cidadania. O cidadão constitui uma criação do Estado que vai moldá-lo a partir de seus interesses.

11. Marshall reconhece na sociedade capitalista a tensão permanente entre o princípio da igualdade implícito no conceito de cidadania e a desigualdade inerente à sociedade de classes. Ver Marshall (1967) e Santos (1979).

precárias, insuficientes, que terminam por reiterar o grau de exploração.

Contudo, a apreensão de que o assistencial é um mecanismo do Estado, que opera a partir dos interesses do grupo no "poder", não implica necessariamente que, para a população, tenha o mesmo sentido e uso. Em outras palavras, *o assistencial é a ótica do Estado. O direito e a extensão da cidadania, em contrapartida, são as garantias buscadas pela população.*

Com isto, não se está menosprezando os efeitos políticos e ideológicos das políticas sociais, mas identificando que aí reside o espaço contraditório que permite o avanço das lutas populares.

Esta apreensão permite levantar a hipótese de que no *assistencial está contida a possibilidade de negação dele próprio e de sua constituição como espaço de expansão da cidadania às classes subalternizadas.*

Como ótica do Estado, o assistencial se reitera nas mediações das políticas sociais, seja no nível do aparato institucional, seja no nível dos agentes. A reiteração desta ótica pode ser tão forte a ponto de cristalizar a "benemerência" do Estado, subordinando e cooptando os esforços populares.

A intervenção do Estado, face aos impactos destrutivos que a desigualdade extrema produz, visa assegurar condições mínimas de vida e de trabalho aos pobres e, desta forma, uma estabilidade mínima à dominação.

Para a população, em contrapartida, o assistencial, como forma concreta de acesso a bens e serviços, se constitui num espaço político de luta.

Neste sentido, as políticas sociais brasileiras, apesar do mecanismo assistencial, são fenômenos políticos enquanto expressão do confronto de interesses de classes.

É, pois, no espaço das relações sociais que se dá a busca de uma nova forma de cidadania.[12]

Esta nova forma se dá na conjuntura de luta pós-78, que se expressa na emergência dos movimentos populares urbanos que apresentam, como eixo determinante de suas reivindicações, o processo crescente de exclusão dos benefícios da urbanização.

A luta pela nova cidadania se evidencia, também, no movimento de retorno ao Estado de direito, no debate em torno da questão dos direitos humanos.

A crescente multiplicação de movimentos sociais no Brasil, como forma de mobilização e criação de espaços de prática e política, faz dos confrontos com o Estado (em função de "reivindicações coletivas") elementos fundamentais na construção da cidadania.

A ênfase na luta pela redução de desigualdades sociais no contexto de promoção da cidadania tem em suas bases

---

12. No Brasil, a extensão da cidadania às classes subalternizadas expande-se a partir da Revolução de 1930, que direciona o Estado para o atendimento de direitos sociais dos trabalhadores. Deste processo resulta o que Wanderley Guilherme dos Santos denomina a *extensão regulada da cidadania*. Esta extensão, cujas raízes encontram-se não em um código de valores políticos, mas em um sistema de estratificação ocupacional, é definida por norma legal. Nesta ótica são entendidos como cidadãos aqueles cujas ocupações são reconhecidas e definidas legalmente. Embute-se a cidadania na ocupação e os direitos passam a ter como referência o lugar que o indivíduo ocupa no processo produtivo. Assim, a constituição da cidadania espelha as desigualdades do processo produtivo e deste modo o reforça. Exemplo desta compreensão é a subordinação que se dá, em nossa história, da extensão dos serviços previdenciários àquelas categorias que atendem aos interesses econômicos do momento, como o foram os portuários, os ferroviários e os militares. Este corporativismo inspirado no fascismo não cria propriamente um novo padrão de igualdade, já que fragmenta os trabalhadores e termina por reproduzir a desigualdade de direitos entre os componentes da força de trabalho.

ASSISTÊNCIA NA TRAJETÓRIA DAS POLÍTICAS SOCIAIS BRASILEIRAS

o que Eunice Durham aponta como "consciência da pobreza" e

"exigência de atendimento de novas necessidades e, portanto, como uma luta pela ampliação do acesso ao espaço político e aos benefícios do desenvolvimento econômico" (Durham, 1984, p. 25).

A desigualdade, ao tornar-se parte constitutiva da experiência diária de miséria e opressão na vida dessas classes, articula-as e encoraja-as na conquista de seus direitos e na expressão de seus interesses. Esta articulação se efetiva a partir da consciência de "carências coletivas". Os "indivíduos", enquanto pertencentes a uma mesma classe, se igualam na carência. *A pretendida igualdade de oportunidades expressa nos discursos governamentais acaba por se constituir na igualdade de carecimento para a população.* "É a 'carência' que define a coletividade possível dentro da qual se constitui a coletividade efetiva." A transformação de necessidades e carências em direitos, que se opera dentro dos movimentos sociais, pode ser vista como um amplo processo de revisão e redefinição do espaço de cidadania (Durham, 1984, p. 27-9).

A percepção da existência e dos efeitos de uma cidadania de segunda classe, por parte dos trabalhadores, vem articulando os movimentos populares em torno do enfrentamento político e da luta pela igualdade.

As classes subalternizadas, lutando por sua sobrevivência, organizam-se e apelam para o atendimento de seus direitos sociais, como trabalho, remuneração, alimentação, saúde, moradia, educação. Este movimento envolve processos de esclarecimento, arregimentação, debate e mobilização, que supõem a liberdade e a resistência à opressão.

A história do desenvolvimento da cidadania compreende não apenas sua extensão a um número crescente de pessoas como também a

"criação de novos direitos inerentes à condição de cidadão. Esta extensão teve como consequência a legitimação das questões relativas às classes populares" (Nunes et al., 1982, p. 176).

Hoje se coloca uma nova forma de concretização da cidadania, que é coletiva. A legitimação de demandas coletivas se coloca em confronto ao Estado liberal, enquanto este se funda no indivíduo como categoria social e política, com autonomia referida a si e não ao grupo a que pertence.

A realização da cidadania tem que se fazer sob uma forma de solidariedade social, que avance enquanto organização das classes subalternizadas.

Não se pode dissociar a condição econômica e a situação de classe da noção de cidadania. E, nesta relação, coloca-se um impasse à sua constituição para aqueles economicamente dependentes e subalternizados.

A constituição coletiva da cidadania é, ao mesmo tempo, um articulador de forças na direção da soberania popular.

SERVIÇO SOCIAL E O ASSISTENCIAL
a colocação histórica da questão

E no âmbito da questão assistencial que se inscreve a ação dos assistentes sociais. A análise deste tema é substantiva, principalmente na medida em que possibilita romper com os significados fetichizados pelos interesses do capital, que, ao longo do tempo, foram sendo atribuídos aos programas e serviços sociais e, com isto, à ação do Serviço Social.

A prática profissional do assistente social, implementadora das políticas sociais e dos serviços sociais, é uma expressão especializada da prática social e se insere na dinâmica contraditória das relações sociais.[1]

Como, de um lado, desvelar e, de outro, trabalhar o caráter de classe contido na assistência, presente e persistente na prática do assistente social? Esta é uma questão fundamental, cujas respostas se pretende encaminhar. Trata-se aqui

---

1. Consulte-se a esse respeito: Marilda Villella Iamamoto (1982) e a síntese dos debates promovidos pelo Celats em Chaclayo/Peru, preparatório do Seminário Latino-Americano de Trabajo Social, realizado no México em 1983. Este texto foi publicado pela Cortez Editora sob o título: *Serviço Social crítico*, problemas e perspectivas, um balanço latino-americano (1985).

de resgatar elementos para a desmontagem crítica da leitura da assistência na prática do assistente social.

A análise da assistência no bojo do Serviço Social passa a ter nova compreensão. Além de um mecanismo presente nas políticas sociais, a assistência irá historicamente caracterizando uma área programática da ação governamental. A inserção do assistente social se dará historicamente nas duas dimensões: numa, para dar conta, com outros profissionais, da face assistencial das políticas de corte social; noutra, como o agente primordial dos programas de assistência social pública.

A identificação da ação assistencial como persistente na prática do assistente social ao longo da história da profissão exige que se busque a reconstrução dessa categoria.

Alguns autores latino-americanos estão realizando um esforço nessa direção. Suas ideias e pesquisas vêm sendo publicadas pelo Centro Latino Americano de Trabalho Social — Celats.[2]

É a institucionalização da assistência que historicamente estabelece o Serviço Social como profissão. É este componente que o caracteriza e distingue na divisão sociotécnica do trabalho. Sem a assistência, o Serviço Social ou o Trabalho Social[3] deixam de *ser* enquanto tal, passando a ser outra profissão.[4]

---

2. Além dos textos citados na nota anterior, consultar: Santos (1979, p. 23-31), Santos (1980, p. 25-39) e Alayon (1980, p. 43-50).

3. Ver a descrição histórica das duas terminologias em Carvalho (1983, p. 14).

4. Alexandrino Manguina, consultor do Celats, ao analisar um texto preliminar deste trabalho ressaltou esta questão intrínseca no objeto em estudo. Considerou ainda a necessidade de investigações que trabalhem criticamente a questão da "caridade" e a "vocação de servir" contidas historicamente na profissão, inscrevendo-as na análise das classes sociais. Tece um comentário que é oportuno ser reproduzido:

1. A assistência na história

A assistência ao outro é prática antiga na humanidade. Não se limita nem à civilização judaico-cristã nem às sociedades capitalistas. A solidariedade social diante dos pobres, dos viajantes, dos doentes, dos incapazes, dos mais frágeis, se inscreve sob diversas formas nas normas morais de diferentes sociedades. Ao longo do tempo grupos filantrópicos e religiosos foram conformando práticas de ajuda e apoio.

Esta ajuda se guiou pela compreensão de que na humanidade haverá sempre os mais frágeis, os doentes etc., que não conseguirão reverter sua condição, carecendo de ajuda. O homem é naturalmente um ser dependente, pleno de necessidades e carecimentos. Superá-los é sempre seu desafio e busca.

Com a civilização judaico-cristã a ajuda toma a expressão de caridade e benemerência ao próximo, como força moral de conduta. Muitos são os exemplos históricos de solidariedade e compromissos a partir desses valores. A vida terrena era considerada transitória e o consolo dos aflitos a forma de transcender essa transitoriedade.

Desde a Idade Média abrem-se as instituições de caridade, tanto pelas companhias religiosas como pela caridade leiga.

"A unilateralidade da crítica, ao não se inscrever dentro da análise de classe, traz como consequência um cego rechaço à caridade, e o desenvolvimento de forças morais subjetivas que sempre foram a fonte de poder mais generosa do trabalho social. A caridade, o amor ao irmão feito obra, nascido de sentimentos profundos de solidariedade e compromisso, que impulsiona a assumir a causa de sua libertação, quis reduzir-se unicamente à noção de justiça e a critérios racionais de equidade. Como no caso anterior, é necessário aqui também para recuperar para o trabalho social esta fonte fundamental de inspiração, aproximando-se da fraternidade que governa a esperança popular, fazendo que o trabalho social se nutra dela. Poderemos assim falar de uma caridade liberadora que se verifica na prática como tal, e não como opressivo manto encobridor da exploração de classe" (janeiro de 1985).

Contudo, a benemerência, como um ato de solidariedade, foi se constituindo em práticas de dominação. Um resgate do sistema inglês de lidar com a pobreza, a *Poor Law*, ou os asilamentos franceses mostram claramente esta questão. O direito à assistência foi historicamente sendo substituído pelo apelo à benevolência das almas pias e caridosas (Van Balen, 1983, cap. V).

Esta breve digressão sobre a constituição histórica do assistencial tem por objetivo assinalar a abrangência de sua temporalidade, assim como distinguir suas formas na sociedade moderna. Ao longo do tempo algumas ações vão sendo incorporadas como responsabilidades públicas e, dentre elas, a assistência.

Com a expansão do capital e a pauperização da força de trabalho, a assistência irá sendo apropriada pelo Estado sob duas formas: uma que se insinua como privilegiada para enfrentar politicamente a questão social; outra para dar conta de condições agudizadas de pauperização da força de trabalho.

O Estado historicamente se apropria não só da prática assistencial como expressão de benemerência como também cataliza e direciona os esforços de solidariedade social da sociedade civil.

No caso brasileiro é possível afirmar, salvo exceções, que até 1930 a consciência possível em nosso país não apreendia a pobreza enquanto expressão da questão social. Quando esta se insinuava como questão para o Estado, era de imediato enquadrada como "caso de polícia" e tratada no interior de seus aparelhos repressivos. Os problemas sociais eram mascarados e ocultados sob forma de fatos esporádicos e excepcionais. A pobreza era tratada como disfunção pessoal dos indivíduos.

A competência cotidiana para cuidar de tal "fenômeno" era colocada para a rede de organismos de solidariedade social da sociedade civil, em especial àqueles organismos atrelados às igrejas de diferentes credos.

O Estado se insinuava nesta rede enquanto agente de apoio, um tanto obscuro, ou de fiscalização.

Os modelos de atendimento assistencial decorrentes da percepção da pobreza como disfunção pessoal encaminhavam-se, em geral, para o asilamento ou internação dos indivíduos portadores dessa condição.[5]

Este encaminhamento era bastante coerente com a percepção de então: os pobres eram considerados como grupos especiais, párias da sociedade, frágeis ou doentes. A assistência se mesclava com as necessidades de saúde, caracterizando o que se poderia chamar de binômio de ajuda médico-social. Isto irá se refletir na própria constituição dos organismos prestadores de serviços assistenciais, que manifestarão as duas faces: a assistência à saúde e a assistência social. O resgate da história dos órgãos estatais de promoção, bem-estar, assistência social, traz, via de regra, esta trajetória inicial unificada.

Os organismos da rede de solidariedade social na sociedade que a assumia mantinham a compreensão, da assistência como um gesto de benevolência e caridade para com o próximo.

A partir da crise mundial do capitalismo o Estado gendarme, aparelho de justiça e polícia, reposiciona-se frente a sociedade. Insere-se na relação capital-trabalho. De um lado, e principalmente, no caso brasileiro, esta inserção é condição fundamental para a acumulação, consolidação e expansão do capital. De outro, passa a assumir responsabilidades pelas condições de vida da população. Já em 1923 a Lei Elói Chaves

---

5. Ver, por exemplo, o papel dos hospitais das Santas Casas de Misericórdia no acolhimento do pobre e do miserável.

(Lei n. 4.682, de 24/1/1923) criava a Caixa de Aposentadoria e Pensões para os funcionários. Antes de 1930 duas outras categorias já recebiam os benefícios do seguro social: portuários e marítimos, pela Lei n. 5.109 (20/12/1926), e telegráficos e radiotelegráficos, pela Lei n. 5.485 (30/6/1928).

O Ministério do Trabalho, Indústria e Comércio, criado em 1930, passa a fiscalizar, ordenar e controlar as ações junto à força de trabalho.

Progressivamente, o Estado brasileiro passa a reconhecer a questão social como uma questão política a ser resolvida sob sua direção.

A assistência começa a se configurar quer como uma esfera programática da ação governamental para a prestação de serviços, quer como mecanismo político para amortecimento de tensões sociais.

A medida que o Estado se responsabiliza pelas condições de reprodução da força de trabalho, passa a incorporar igualmente a nova técnica social, o Serviço Social, transformando seus profissionais em agentes fundamentais na execução desta área programática. A presença do técnico introduz procedimentos racionais e científicos e garante a face da justiça social na operação da assistência.

2. O Serviço Social e a assistência

O Serviço Social é implantado no Brasil (e em São Paulo) em 1936 através do Centro de Estudos e Ação Social (CEAS), um dos promotores da Ação Católica de São Paulo.[6] A pro-

---

6. Ver, a respeito, Yasbek (1980), Castro (1984). Na América Latina, precedem a brasileira duas escolas criadas no Chile em 1925 e 1929, também dentro do con-

blemática operária era uma preocupação do CEAS, criado em 1932, em plena revolução paulista. Já nessa ocasião mantinha quatro centros operários em São Paulo. Entendia a formação social desenvolvida nesses centros como um apoio a esses "organismos transitórios que cederão lugar à associação de classe que nossas elites operárias irão formar e dirigir logo que para isso estejam aptas".[7]

A implantação do Serviço Social no Brasil

"[...] não se baseará, no entanto, em medidas coercitivas emanadas do Estado. Surge da iniciativa particular de grupos e frações de classe, que se manifestam principalmente por intermédio da Igreja Católica. Possui em seu início uma base social bem delimitada e fontes de recrutamento e formação de agentes sociais informados por uma ideologia igualmente determinada" (Carvalho et al., 1981, p. 129).

Surge pois como reação católica, um "departamento especializado de Ação Social, embasado em sua doutrina social" (Carvalho et al., 1981, p. 143).

Raul de Carvalho continua sua pesquisa e diz:

"[...] Se as Leis Sociais são, em última instância, resultantes da pressão do proletariado pelo reconhecimento de sua cidadania social, o Serviço Social se origina de uma demanda diametralmente oposta" (Carvalho et al., 1981, p. 129).

---

texto das lutas operárias. Ver também Iamamoto e Carvalho (1981). Cabe esclarecer que embora a primeira escola de Serviço Social surja nos EUA em 1898, criada pela COS — Sociedade de Organização de Caridade de Nova York (contrapartida da COS londrina) sob a influência de Mary Richmond, a escola brasileira no seu nascedouro seguirá o modelo belga da École Normal Social de Paris, posteriormente é que incorporará o modelo americano.

7. Palavras de Odila Cintra Ferreira, presidente do CEAS no Congresso do Centro Dom Vital, em 1933, citada em Yasbek (1980, p. 35).

O autor mostra como o Serviço Social é, na sua gênese, marcado pela ausência de legitimidade junto àqueles que formarão sua *clientela*, caracterizando-se como uma imposição.

Ao se resgatar a história do Serviço Social no Brasil, constata-se que se concebeu (e se transmitiu) o Serviço Social como a própria superação da assistência. Esta não passava de benemerência oferecida, voluntária e irracionalmente, pela solidariedade da sociedade. Tratava-se de afirmar uma profissão contrapondo-a às ações apostolares voluntárias. A ação do Serviço Social, trabalhando as potencialidades de indivíduos, grupos e comunidades, faria emergir as "energias" para o autodesenvolvimento. Negava-se a assistência, pela dependência nela implícita, que se contrapunha à concepção de autopromoção, como resultado da capacitação das potencialidades de indivíduos, grupos ou comunidades.

A concepção histórica do Serviço Social, como ação profissional (técnico-científica) para superação da assistência, da dependência, da sujeição, terminou por identificá-lo como uma ação positiva cujo valor, ou validade, lhe é intrínseco.

Este traço, da busca do rompimento da dependência, marca a trajetória da profissão e lhe confere uma face de compromisso com a justiça e a liberdade.

Em vários momentos de sua trajetória, o Serviço Social assumiu o caráter de um movimento onde seus participantes uniam-se pela missão a cumprir.[8]

O compromisso social é um componente fundamental da profissão, embora sua compreensão varie a partir das circunstâncias históricas e da leitura da sociedade de classes.

---

8. Yasbek (1980) reproduz no seu trabalho um documento da União Social Feminina, de 16/11/1936, que, ao referir-se à profissionalização do assistente social diz: "[...] se o Serviço Social não virá a tornar-se mais um meio de vida do que uma causa a *defender*", caso se transforme num trabalho assalariado.

ASSISTÊNCIA NA TRAJETÓRIA DAS POLÍTICAS SOCIAIS BRASILEIRAS

Quando este compromisso se orienta pela conquista da liberdade individual, valor positivo que expressa juridicamente o funcionamento das sociedades burguesas, embaça a compreensão crítica da prática profissional inscrita na luta de classes, assim como de seus limites no seio das relações sociais produzidas por essa mesma sociedade. As questões defrontadas na prática são remetidas à solução de situações-problema, de casos individuais ou, quando muito, de grupos ou segmentos da população de baixa renda. Com isto, muitas vezes, os insucessos da ação são compreendidos como uma deficiência técnica do desempenho profissional.

Esta leitura e concepção da prática do Serviço Social, limitada a si mesma, concretiza suas ações como se fossem autônomas das relações de força da sociedade de classes. Os interesses conflitantes das frações de classe presentes nas ações desenvolvidas são lidos como um campo de ação para estímulo do compromisso com a "justiça e solidariedade aos fracos".

Esta concepção ilusória da correlação das forças sociais nas sociedades capitalistas terminou por favorecer uma visão ingênua da profissão.

O Serviço Social, compreendido como uma verdade em si, busca legitimar-se pelos benefícios que produz e refere o avanço das respostas às questões com que se defronta à melhoria do aparato técnico-racional da profissão.

O benefício, sob essa leitura, não é propriamente a assistência, enquanto concessão de auxílios financeiros ou materiais. Os conselhos, as orientações resultantes da aplicação de técnicas, em geral psicossociais, que "reduzem ou eliminam" a dependência da assistência, é que constituem o valor positivo da autocapacitação do "cliente". Chegou-se a propor, como objetivo da ação do Serviço Social, o processo de orientação social (Bartlett, 1976; CBCISS, 1967 e 1969; Leite, 1982).

A concessão de auxílios configura quase que "males necessários", buscando-se cada vez mais substituí-los por serviços, programas, atividades educativas, grupais etc. O processo de passagem das abordagens individuais para grupais comunitárias contém, também, a face da redução da dependência individual.

A assistência se reveste de maior racionalidade introduzindo serviços sociais de maior alcance sem perda, no entanto, de sua característica básica: o sentido do benefício ou da benevolência, só que, agora, do Estado.

Há que se ter presente que a ação dos novos profissionais da assistência irá coincidir com o período ditatorial do Estado Novo instalado com o golpe de 1937 de Getúlio Vargas.

É em 1938 que o Decreto-lei n. 525 estatui a organização nacional de Serviço Social enquanto modalidade de serviço público, através do Conselho Nacional de Serviço Social, junto ao Ministério da Educação e Saúde.

Como analisa Raul de Carvalho, poucos foram os resultados práticos desse conselho, caracterizado "mais pela manipulação de verbas e subvenções como mecanismo de clientelismo político" (Carvalho et al., 1981, p. 256).

A primeira grande instituição de assistência social será a Legião Brasileira de Assistência, reconhecida como órgão de colaboração com o Estado em 1942. Organismo, este, que assegura estatutariamente sua presidência às primeiras damas da República. Representa a simbiose entre a iniciativa privada e a pública, a presença da classe dominante enquanto poder civil e a relação benefício/caridade x beneficiário/ pedinte, conformando a relação básica entre Estado e classes subalternizadas.

No início dos anos 1940 irá ocorrer

"uma mudança qualitativa no comportamento *assistencial* do Estado e do empresariado em relação ao proletariado. As atitudes aparentemente paternalistas — absolutamente não desprovidas de interesse econômico — que geralmente procuravam responder, até mesmo preventivamente, e desvirtuar em seu conteúdo a pressão reivindicatória, devem ceder o lugar a uma política mais global, representativa de uma nova nacionalidade" (Carvalho et al., 1981, p. 263).

O Serviço Nacional de Aprendizagem Industrial (Senai) inaugura em 1942 os esforços nessa direção, isto é, enquadra-se dentro de um complexo de medidas assistenciais e educativas necessárias à adequação da força de trabalho às necessidades da indústria em expansão.

Segue-se o Serviço Social da Indústria (Sesi) em 1946, já no pós-guerra.

O novo pacto do pós-guerra exige maior organização do empresariado de modo a homogeneizar suas ações à nova situação internacional frente à força de trabalho.

A elevação da renda dos brasileiros, a habilitação e a educação do proletariado serão reivindicações do novo momento histórico.

Como diz Raul de Carvalho,

"o enfrentamento da *questão social* aparece assim teorizado sob uma ótica revolucionária" (Carvalho et al., 1981, p. 277).

O progresso social, compreendido como um dever do Estado, passa a ser a perspectiva orientadora das ações do Serviço Social. Imanente a esta compreensão está a de evolução social, ascensão social, que irá se explicitar na *promoção social*.

Por decorrência, o esforço de teorização do Serviço Social, que se gestou sob essa compreensão, na busca de sistematizar seus conhecimentos e conferir-lhes maior cientificidade caminhou para a dicotomização entre assistência e promoção social.

São chamadas de assistência social as atividades de pronto-socorro social, ou sejam, as de ajuda material ou financeira destinadas às populações com problemas agudos de subsistência, em geral procedidas por voluntários ou auxiliares sociais. Tais atividades passam a ser relegadas pelos profissionais de Serviço Social, tanto pelo seu caráter paliativo e clientelístico, quanto pelas limitações que traziam à afirmação do assistente social como profissional no quadro institucional.

Mais uma vez, historicamente, a profissão rejeita a assistência. A década de 1950 tem como preocupações o esforço de reconstrução do pós-guerra, a busca de libertação do colonialismo, o combate ao comunismo e as tentativas de expansão do capitalismo internacional. Neste quadro será exigido um processo de modernização e ampliação das políticas sociais.

Neste período, as atividades de promoção social passam a absorver a prática e a teoria dos profissionais de Serviço Social, creditando às mesmas expectativas de desenvolvimento social e de concretização do Estado de Bem-Estar Social. O cientificismo e a sofisticação técnica permeiam e desenham estas atividades.

Por outro lado, o populismo é reforçado como forma política de legitimação do poder e comando da chamada burguesia nacional, apoiado na adesão da massa trabalhadora, obtida pela antecipação da concessão de benefícios. A assistência adquire, no discurso governamental, nova amplitude. Além dos programas de pronto-socorro social, destinados aos hipossuficientes economicamente, abarcará a prestação de serviços sociais básicos. Abarcará, igualmente, sob a égide da ONU, os programas de desenvolvimento comunitário destinados às comunidades e regiões com "*problemas de estagnação*" socioeconômica.

Estas atividades destinavam-se a romper o ciclo de dependência e provocar a integração de indivíduos e grupos no mercado de trabalho e a sociedade vigente, com a subjacente promessa de ascensão socioeconômica. Expandem-se a partir daí os programas de alfabetização de adultos, formação de mão de obra, formação social e desenvolvimento comunitário.

Mais tarde é possível a consciência de que esta ascensão atendia a propósitos do modo de produção capitalista. Isto é, reiterava a subordinação e o anestesiamento através do atendimento tutelado e ilusório prestado pelos programas assistenciais. E retirava desse exército aqueles que, com maiores potencialidades — seleção dos mais aptos —, podiam rapidamente atender às novas exigências da produção industrial, qualificando-os a custos mais baixos.

Outro dado fundamental na análise dessa década é a de que as políticas sociais passaram a ser definidas por organismos supranacionais (ONU, Aliança para o Progresso, Convênio MED-USAID, por exemplo), realimentadas por fundos internacionais e orientadas segundo o modelo de Estado do Bem-Estar Social.

O início da década de 1960 é marcado por um movimento de contradependência e denúncia dos modelos e programas importados; as propostas de reformas de base orientam a elaboração e realização dos programas sociais nacionais.

Exemplos destes são os programas de alfabetização de adultos, realizados através do método Paulo Freire, educação de base, realizado pelo MEB; programas de desenvolvimento comunitário e as ligas camponesas na zona rural. As propostas desenvolvimentistas deste período estimulam sentimentos nacionalistas e a consciência de país terceiro-mundista.[9] Sentimentos, estes, incorporados pelos segmentos progressistas da sociedade e constantes da pauta das esquerdas nacionalistas. A otimização dos próprios recursos, pela descoberta ou pela introdução de nova tecnologia, era forma de superar o subdesenvolvimento e colocar as forças da nação em vias de desenvolvimento. Conhecer a própria realidade, *dar respostas "criativas", "autóctones", implicava rechaçar os "modelos de ação importados", valorizar a cultura nacional do povo e conhecer e reconhecer sua força.*

Este caldo cultural, as experiências populares desenvolvidas e as saídas encontradas pela Revolução Cubana e a experiência chilena irão implicar um reposicionamento das orientações da prática profissional do assistente social frente às características específicas da realidade brasileira. O Serviço Social, nos meados dos anos 1960, começa a explicitar o conteúdo político de sua prática, o que se acentuará mais nitidamente na década de 1970.

Neste "despertar" há que se considerar as contribuições do Movimento de Reconceituação do Serviço Social.[10] Ao

---

9. Os trabalhos da Cepal, os livros de Celso Furtado, as propostas nacionais dos planos de desenvolvimento podem ser retomados como representativos do pensamento da época. Veja-se também Limoeiro (1977).

10. Este movimento tem como marco o Seminário Latino-Americano de Porto Alegre, em 1965. Pela primeira vez os profissionais latino-americanos superavam

resgatar os componentes teórico-metodológicos da profissão, desencadeia entre os assistentes sociais a possibilidade de "desmascaramento" de novas formas de apreensão da realidade e a compreensão crítica e política de sua prática.

A reconceituação permitiu que os assistentes sociais se distanciassem criticamente do significado "aparente" de sua atividade. Passaram a compreender que, através de suas atividades, se cumpriam fins sociais que ocupavam posições estruturais distintas e antagônicas.

Os "desenvolvidos", quando se referiam a este movimento latino-americano, nos organismos internacionais ligados à profissão, caracterizavam-no como "movimento de indigenização".

A este despertar seguiam-se "saídas" profissionais. No caso brasileiro, já sob a égide do regime militar instalado com o golpe de 1964, o desenvolvimento planejado, ou a então terceira via do planejamento democrático, coloca-se como viabilização da nova sociedade (Covre, 1983). Instala-se a era do planejamento no Serviço Social brasileiro e a assistência permanece rejeitada.[11]

Com o golpe militar há a queda do sonho nacionalista. A partir de 1964, substituiu-se a concepção nacional-desenvolvimentista pela da internacionalização e modernização, criando-se condições aceleradas a uma ação do capital estrangeiro.

---

a influência americana que recortava os Congressos Pan-Americanos de Serviço Social. A partir dessa data há uma profusão de produções argentinas (Editorial Humanitas ECRO), que irão se difundir na América Latina. O CELATS tem muitos textos sobre a análise crítica desse momento.

11. O Documento de Araxá, de 1967, marca bem esta posição para o Serviço Social, reiterada no Documento de Teresópolis, de 1969. Mannheim é o grande inspirador dessas discussões.

As tendências observadas na década de 1950 são retomadas no pós-64 em grau de maior racionalidade e sofisticação técnica. As políticas públicas retomam um enquadramento transnacional. O planejamento social constitui-se no corretivo do planejamento econômico.

O Estado tecnocrático do pós-64, usando do planejamento como técnica de consenso social e do técnico como conhecedor das necessidades e interesses das classes subalternizadas, torna-as objeto passivo dos "benefícios" que ilusoriamente lhe oferece com antecipação a suas necessidades.[12]

A exclusão das classes subalternizadas das decisões que lhes dizem respeito e a ampliação da capacidade de intervenção governamental que o Estado ditatorial adquire no pós-64 (e consolida nos atos institucionais) reforça o caráter assistencial das políticas sociais, como também

> "possibilita que interesses de outros segmentos sociais, a nível da própria burocracia estatal e dos diferentes setores empresariais que se especializam na produção de bens e serviços consumidos pela população, através da intermediação estatal, passem a deter amplo espaço de manobra e de liberdade de decisão" (Silva, 1983).

Consequentemente, o Estado, ao recriar os programas assistenciais com a intenção de obter apoio do regime e despolitizar as organizações dos trabalhadores, passa a tratar a questão social através da articulação repressão-assistência.

A repressão se faz sentir especialmente na desmobilização social e na desarticulação dos instrumentos de pressão e de defesa das classes populares.

---

12. Ver esta concepção de planejamento como consenso e também como revolução consentida em Covre (1983).

A apreensão do uso do mecanismo combinado repressão-assistência não se deu de imediato para os assistentes sociais. A "saída" "hegemônica pela racionalidade do planejamento e pela teorização científica do fim da década de 1960 e do início dos anos 1970 condicionaram o Serviço Social brasileiro a uma forma de inserção no Estado tecnocrático. Constitui-se, assim, a chamada vertente nacional-modernizadora do Serviço Social brasileiro, frente ao Movimento de Reconceituação.

A medida, porém, que os assistentes sociais foram se dando conta da leitura crítica da sociedade, passaram a questionar seu aparato técnico de trabalho, mostrando como o "racionalismo" usado na profissão criava um ocultamento da exploração social e do engodo, implícitos na ilusória busca de concretização do Estado de Bem-Estar Social.

A evidência de que o Estado tecnocrático-ditatorial não respondia às suas "metas" fragiliza também a vertente racional-modernizadora do Serviço Social.

A superação da desigualdade através de programas de promoção social calcados na racionalidade técnica, que buscavam a ascensão social da força de trabalho, como também através de políticas sociais oferecidas pelo Estado, que propunham a igualdade de oportunidades, foi se caracterizando cada vez mais como ilusória para as "saídas" do Serviço Social. Essas "saídas" foram se esvaindo na consolidação do modelo econômico brasileiro, voltado para os interesses do capitalismo transnacional. Esse modelo, implicando o achatamento salarial dos trabalhadores, provocou maior empobrecimento da população: de um lado, elevou as desigualdades sociais a níveis intoleráveis para a subsistência da própria população e, de outro, para o Estado conter a questão social.

As atividades "promocionais", sob aparência redistributiva e de oferta de oportunidades sociais, destinavam-se não tanto à melhoria das condições de reprodução da força de trabalho, mas à preservação das condições possibilitadoras da acumulação capitalista. E, ainda, as "soluções" implícitas nas políticas sociais vão se tornando novos campos de investimento do capital, abertura de novos mercados e de clientelas, através da intermediação do Estado.

Retoma-se com maior força as contribuições teóricas do Movimento de Reconceituação formuladas a partir de 1965 em outros países latino-americanos.[13]

No entanto, a leitura marxista da sociedade capitalista a partir da vertente althusseriana, em que se apoiavam vários desses autores, contribuiu para que os assistentes sociais brasileiros, na busca de uma leitura progressista da prática, terminassem por caracterizá-la como fadada à reprodução ideológica dos interesses do capital.

A busca da transformação social nessa vertente é considerada incompatível com a prática institucional. Esta é negada a favor de práticas alternativas pautadas na militância política. Favorece esta negação a compreensão do Estado como "comitê de classe", destinado irredutivelmente à reprodução ideológica, à manutenção da dominação de forma linear e pronta. As forças sociais continuam a ser lidas como bloco monolítico.

---

13. Algumas críticas da reconceituação foram personalizadas nos chamados "segmentos conservadores", que exerciam notória influência no processo formador dos assistentes sociais e que passaram a ser identificados, entre outros adjetivos, como "entreguistas". Assim, longe de se consistir num movimento monolítico da categoria, a reconceituação, ao desnudar a questão ideológica, irá configurar grupos profissionais oponentes.

Novo impasse se instala na profissão. A maioria é assalariada, as políticas sociais se fazem no bojo das instituições. Como assumir a nova perspectiva?

Práticas mais consequentes terminam configurando demissões coletivas (Abramides, 1980). Por outro lado, a população demanda a essas instituições, na busca de serviços que resolvam sua sobrevivência.

A superação da prática tripartida — caso/grupo/comunidade — acrescenta-se, na reconceituação, uma nova questão: a de superar as compartimentações entre assistência/promoção/transformação ou, ainda, entre prática institucional/prática alternativa, que trazem em seu bojo fundamentos ideológicos irredutíveis.

Contrapõe-se à leitura ingênua a leitura determinista da realidade e, mais uma vez, a questão da assistência é rechaçada. Agora, como bloqueadora das forças coletivas para a transformação social.

A consciência da ineficácia social das políticas sociais atreladas a um Estado comprometido com um processo de expansão capitalista monopolista, principalmente como resultado da conjuntura de luta que se instala no país a partir dos movimentos sociais, levam o Serviço Social a rever suas propostas de ação.

O III Congresso Brasileiro de Assistentes Sociais, realizado em 1979, é um marco histórico: os congressistas repudiam a Comissão de Honra do congresso, substituindo-a pelo trabalhador espoliado. A presença de lideranças sindicais no encerramento é o divisor de águas com os poderes instituídos.

Este posicionamento profissional não deixa de refletir as críticas então vigentes quanto às políticas sociais. Há que se ter presente que o tema desse congresso realizado em São Paulo eram as políticas sociais e que os movimentos populares (luta contra a carestia, movimentos de saúde, movimentos habitacionais) vinham denunciando a miserabilidade da população, em detrimento do discurso distributivista das políticas sociais governamentais no pós-75.

Como principais medidas relativas à política social no pós-75 destacam-se o processo de unificação das instituições previdenciárias através da criação do Instituto Nacional de Previdência Social (INPS), ocorrendo a progressiva exclusão da representação de trabalhadores na gestão da Previdência Social, e a extensão da cobertura previdenciária à quase totalidade da população urbana e parte da população rural (Funrural).

Para a consecução das políticas sociais há uma expansão expressiva dos organismos estatais; a exemplo, a criação do Sistema Financeiro da Habitação (SFH), o Ministério da Previdência e Assistência Social (MPAS), o Conselho de Desenvolvimento Social (CAS) e a instituição do Fundo de Apoio ao Desenvolvimento Social (FAS).

A centralização que se opera é excludente em relação à qualquer possibilidade da população e de suas organizações participarem decisoriamente; é excludente, igualmente, à participação das esferas estaduais e municipais (Silva, 1984).

A partir de 1979, aprofundar e sistematizar a prática social voltada para a transformação das condições opressivas de vida da população consubstanciam a corrente hegemônica na profissão, pelo menos no nível do discurso.

Hoje, duas grandes "saídas" se apresentam na pauta profissional: a racional-modernizadora e a político-transformadora.[14] Mas ambas continuam a ter um ponto comum: a

---

14. Ver a respeito a primeira parte do Livro Serviço Social Crítico (Cortez, 1985).

negação da assistência. Esta não se dá nem nas soluções tecnocráticas do planejamento social nem nas estratégias de transição social pautadas na organização popular.

Superar a leitura fetichizada do assistencial no Serviço Social é movimento que vai além da questão profissional. Implica, de um lado, apreender o assistencial como mecanismo histórico presente nas políticas brasileiras de corte social. De outro, criar estratégias para reverter essas políticas na conjuntura da crise da sociedade brasileira para os interesses populares.

No nível da prática do assistente social esta superação implica ainda o desvelamento da assistência como instância de mediação inerente ao Serviço Social.

ASSISTÊNCIA — ASSISTENCIALISMO
a busca da superação da questão

É frequente os assistentes sociais guardarem uma compreensão restrita quanto à presença da assistência em sua prática profissional. Nesta perspectiva é comum identificá-la como a concessão de auxílios, financeiros ou em espécie, com que profissionais ou voluntários buscam minorar o agravamento de uma situação particular de emergência, ou de agudização social. Possivelmente, nesta perspectiva restrita, a assistência seria a atenção a situações de risco, vulnerabilidade que agrava a já precária condição com que os segmentos mais pauperizados da população buscam subsistir.[1]

---

1. Não se usa aqui propositalmente a caracterização do pauperizado como quarto estrato ou como lumpem, isto porque se considera que a categorização das classes sociais frente ao processo produtivo explica com maior propriedade o assistencial em análise. Vale contudo relembrar que as concepções de lumpem e de quarto estrato decorrem da organização do trabalho a partir da revolução industrial e da industrialização da produção agrícola. A sociologia das organizações cria quatro tipologias básicas das relações dos produtores com o processo produtivo, os chamados estratos emergentes. Esta tipologia é criada a partir do estudo dos fenômenos particulares na dimensão psicossocial, ou dos comportamentos ideológicos do indivíduo dentro do processo produtivo. O artesão é o primeiro estrato, aquele que começa e termina o processo produtivo sem dividi-lo com ninguém. O operário

Subjacente a esta compreensão restrita da assistência pode-se identificar alguns equívocos. O primeiro é que esta ação iguala a formação técnica à voluntária espontânea. Por consequência, a ação assistencial é vista como a filantropia da sociedade, não exigindo e nem caracterizando a ação de um profissional. Ou melhor, operar como um assistente social, nessa perspectiva, consiste em realizar algo que não seja assistência.

Outro equívoco contido naquela compreensão consiste na identificação da assistência prestada quer pelos organismos e entidades filantrópicas, no nível privado, quer pelo Estado, através de seus órgãos no nível público. *A ação assistencial no nível do senso comum é compreendida pelas suas circunstâncias imediatas.*

Em terceiro lugar, entende-se que está em questão o conteúdo e a forma de prestação de serviços. Isto é, nas situações em que o assistente social é o intermediador direto do serviço, este reproduz a tutela: o assistencial. Com isto considera-se que a ação só é profissional quando o aconselhamento, a reflexão e os conteúdos ideológico e educativo forem preponderantes. Hierarquiza-se a ação educativa frente ao serviço concreto.

Outra questão que tem se apresentado na compreensão da assistência se refere ao modo de se processar seu corte

---

é aquele que intervém numa pequena parte do processo produtivo. O semi-operário é aquele que combina o processo produtivo parcializado, ou socialmente dividido, com processo produtivo único. O *quarto estrato ou lumpem* inclui aquele indivíduo que não está dentro de nenhum dos processos produtivos então descritos. O lumpem em geral não trabalha e, quando o faz, eventualmente, é quando lhe dá vontade. Todas as classes têm lumpem: lumpemproletariado, lumpem-burguesia, lumpem-campesinato etc. Nunca está efetivamente situado num tipo de organização das classes ou dos estratos. "É uma mariposa que procura viver onde existe umidade ou alimentos, sem fazer esforços para produzi-los" (Morais, 1984).

estrutural-conjuntural. A partir da teoria da estratificação, a assistência é referida à mobilidade social entre marginalização e integração social. Nesta perspectiva, as ações assistenciais são rechaçadas enquanto reiteram a tutela e não ajudam a romper com o ciclo da pobreza. Nesta compreensão privilegiam-se os processos que tornam o *cliente* um agente participativo e, com isto, em mobilização para a ascensão social.[2]

---

2. Estas concepções foram claramente defendidas no Seminário de Bom Clima, em Petrópolis, conforme os documentos publicados pelo Centro Brasileiro de Cooperação e Intercâmbio de Serviços Sociais (CBCISS), em novembro de 1974, Rio de Janeiro, relativos ao seminário realizado com o intuito de subsidiar a recém-formada Secretaria de Assistência Social no Ministério da Previdência e Assistência Social. Documentos de n. 90, "Alternativas da política assistencial brasileira" e n. 91, "Desenvolvimento e marginalização social". É oportuno, inclusive, transcrever esta compreensão: "para melhor interpretação das sugestões contidas neste documento, julgou-se útil tecer algumas considerações em torno das acepções de assistência social.

Na sua acepção tradicional, a assistência social compreendia a concessão de auxílios materiais e financeiros e a prestação de serviços. Executada de forma empírica, por pessoas ou organizações, com recursos próprios ou fundos resultantes de doações, visava a atender às camadas mais pobres em suas necessidades primárias.

Vigorou essa acepção num período histórico da civilização ocidental, correspondendo a uma sociedade de padrões tradicionais ou em transição, na qual a mobilidade social era reduzida numa estratificação social estática. A assistência social cumpria, em consequência, tão-somente a função de prover bens e serviços com a preocupação de melhorar ou aliviar a situação de pobreza sem alterar a estratificação social. Baseava-se, também, na ideia de que a pobreza resultava de características individuais. Por outro lado, os fundamentos da assistência à pobreza repousavam mais num dever ético-religioso do que no reconhecimento de direitos do assistido. Essa acepção de assistência sofreu modernamente alterações nos seus componentes, em decorrência da transformação da sociedade tradicional em sociedade urbano-industrial, caracterizada por alto dinamismo e possibilidades de mobilidade social.

A alteração básica refere-se à consideração da presença de fatores sociais nas causas da pobreza, que, consequentemente, conduzem ao reconhecimento da responsabilidade coletiva na satisfação das necessidades primárias, a qual passa a ser tomada como direito do homem. O Estado, assim, tende a assumir a assistência, não obstante permanecer o papel significativo das instituições privadas e voluntárias. Na acepção moderna, a assistência social continua apoiada na provisão de bens

Com a passagem do subdesenvolvimento para o desenvolvimento haveria maior igualdade de oportunidades, a pobreza estrutural seria minoritária e os programas assistenciais se reduziriam a situações emergenciais. Portanto, o objetivo da assistência seria a "promoção do homem e integração das diferentes faixas da população no processo de desenvolvimento", por meio de ações técnicas, racionalmente planejadas. Nesta perspectiva, os elementos estruturais da pobreza são reconhecidos enquanto causação circular e cumulativa, o que exige estratégias de trabalho global que ataquem a marginalização social. A forma de resolver a "multicausalidade das variáveis" se limita a uma proposição da integração das ações dos diferentes órgãos. Portanto, uma leitura sistêmica da realidade terminaria dando conta da questão.

Cabe dizer que esta é a concepção que percorre ainda o tratamento da assistência enquanto um subsistema no nível do Ministério da Previdência e Assistência Social, que ainda "não foi integrado ao sistema da previdência social", necessitando de "um conjunto de políticas setoriais de todos os Ministérios da área social".

A concepção da relação estrutural-conjuntural aqui adotada implica não desvincular uma dimensão de outra. As

---

ou na concessão de auxílios financeiros conjugada com a prestação de serviços conceituados como sociais. A forma dessa assistência, contudo, sofre transformações, cujas características se expressam nos seguintes elementos:

— organização, coordenação e controle, através da adoção de procedimentos administrativos modernos;

— sistematização de procedimento através da utilização de técnicas profissionais [...].

Outra mudança significativa diz respeito aos usuários da assistência. Permanece a pobreza estrutural, já em minoria nas sociedades altamente desenvolvidas, e surge a clientela representada pelas pessoas e famílias em situações emergenciais e de carência".

situações que aparecem como emergenciais, em nível de conjuntura, de fato são manifestações circunstanciais da estrutura.[3] Esta perspectiva não explica tão só a gênese das questões, mas indica o reflexo que as ações conjunturais podem ter (e têm) na estrutura. Consequentemente, *não cabe reduzir a assistência a um mecanismo voltado para o emergencial, desconhecendo o corte estrutural desse emergencial, ou, ainda, não cabe reduzir as ações a paliativos, visto seu caráter superficial e de urgência.*

O efeito da ação na conjuntura para a estrutura não se dá porém pela mobilidade individual entre os estratos sociais, o que implicaria a proposição de ações mais eficientes para a transição individual. Nesta concepção, teríamos uma gradual ascensão social, conforme propõe o Seminário de Bom Clima.

E novamente se coloca a questão deste estudo: os programas assistenciais contêm somente a possibilidade (ou o limite) de reiterar a estrutura vigente? Os programas sociais são mantenedores enquanto reiteradores da dominação e, portanto, da tutela? Ou poderiam consistir numa forma de expansão da cidadania ou até da soberania popular? Identificar o mecanismo assistencial nas políticas brasileiras de corte social é um passo na construção da resposta a essas questões. Com isto a questão assistencial necessita ser compreendida para além de uma profissão, pois não se trata de uma questão particular de uma categoria. A assistência neces-

---

3. A conjuntura é a expressão das relações de força, dos interesses em conflito das classes sociais e seus segmentos, em um momento dado. A estrutura, por sua vez, é compreendida como um conjunto mais ou menos cristalizado de relações sociais contraditórias e conflitivas cuja modificação se dá a partir da superação dessas contradições. Nesta leitura imbricada da estrutura e conjuntura supõe-se que ações nos conflitos emergentes, portanto, conjunturais, acumulam forças na direção dos conflitos estruturais. Ver a respeito Borja, 1975.

sita ser compreendida, ainda, a partir da inserção nas relações de classe mediadas pelo Estado através de suas práticas.

Portanto, a assistência diz respeito a uma modalidade de produção de bens e serviços a uma classe social. As propostas de que a assistência se faz para os "carentes", o "quarto estrato", o "lumpemproletariado", encobrem as práticas do Estado como práticas dirigidas às classes subalternizadas. Encobrem ainda que, ao qualificar os serviços como assistenciais, permite produzi-los como benefícios e não como direitos.

Caracteriza-los como benesse significa entendê-los como uma prática que "não obriga o trabalho de outra parte". Ou seja, em que o "assistido" se vale de uma mercadoria quase que numa prática da sinecura.

Produzir serviços assistenciais não é simplesmente filantropia da iniciativa privada, é modalidade de execução das políticas sociais pelo Estado brasileiro, não chegando a constituir direitos para o cidadão.

Entende-se, pois, que os serviços produzidos pela assistência pública e em particular pela assistência social pública contêm sempre as duas dimensões: o serviço em si e seu componente educativo e ideológico. O serviço em si é o atendimento concreto a uma necessidade, e assim essa prática presente é um mecanismo de acesso aos segmentos mais espoliados da população. Resta indagar como o componente educativo (e ideológico) se articula na produção dos serviços assistenciais.

Neste contexto considera-se que o exame da questão assistência/assistencialismo pode oferecer elementos para a leitura dessa articulação.

Embora a produção dos serviços assistenciais não seja facultativa da prática do assistente social, na divisão sociotécnica do trabalho é ela que está em exame particular nesta reflexão.

1. Assistência e assistência social

Antecede a análise da assistência como prática profissional caracterizá-la enquanto instância programática das políticas sociais e, portanto, possibilidade concreta de absorção do trabalho do assistente social.

Nas políticas sociais públicas a assistência é considerada pelo Estado como uma área específica de despesa governamental sob diferentes denominações como: assistência social, assistência geral, assistência comunitária, entre outras. Com isto, a assistência social tanto se qualifica como um subprograma de uma política de saúde, habitacional, educacional, como uma área específica da política social.

A inserção do assistente social, embora se faça nas diferentes políticas sociais juntamente com outros profissionais, encontra expressão nas políticas específicas de assistência social.

O que via de regra caracteriza a *ação governamental* como de assistência social é a destinação *a fundo perdido* da aplicação do recurso financeiro público. Com isto os programas de assistência social seriam aqueles que operam com *mercadorias* e não só com *serviços*. Isto é, à diferença da ação usual do médico, do professor, que operam fundamentalmente sua capacitação especializada na produção de um serviço individual ou coletivo, o assistente social opera, além disso, com "mercadorias". Como diz Marx,

> "a mercadoria é, antes de mais nada, um objeto externo, uma coisa que, por suas propriedades, satisfaz necessidades humanas, seja qual for a sua natureza".

Esta mercadoria como coisa externa, ou seu equivalente, na forma de dinheiro, repassadas fora do "mercado de consumo", ou da "relação de troca" usual, recebe o caráter de uma doação, isto é, a entrega da mercadoria de uma parte sem sua contrapartida pelo valor equivalente como objeto externo. Dá-se uma forma especial de "troca" onde o Estado é aquele que tem riquezas, ou seja, acumulação de mercadorias, e o assistido é aquele que não tem riquezas, mas tão-só a necessidade e a impossibilidade de realizar por si só sua satisfação. Ao estudar a mercadoria Segnini diz:

> "de acordo com Marx, o *não ter* significa um ter muito positivo, concreto, desesperador; significa *'ter fome, ter frio, ter doença, ter crimes, ter aviltamentos, ter embrutecimento, ter toda desumanização e toda anormalidade'*".[4]

O repasse de "objetos" não pode, contudo, configurar uma dilapidação do patrimônio público, ou seja, um empobrecimento do Estado por favorecimentos pessoais a terceiros. O assistente social torna-se o profissional instituído para conferir um mérito social a essa "doação", de modo que não se configure um favorecimento ilícito. Tem, portanto, uma delegação, socialmente conferida, para identificar, categorizar a pobreza e a miséria e proceder a "justiça social".[5]

É esta concepção que, nas equipes multiprofissionais, atribui ao assistente social conceder o passe, a cesta de ali-

---

4. Utilizou-se a concepção "aparente" da mercadoria a fim de referenciar a assistência vista também como relação aparente de doação. Ver a respeito Segnini (1984, p. 54).

5. Fica uma questão de fundo, para possíveis pesquisas: será que os serviços assistenciais constituem uma relação de doação ou uma relação de troca entre um objeto externo e um objeto interno?

mentos, o auxílio-documentação, o auxílio-viagem, o material escolar, o auxílio para o medicamento etc...

"O que se percebe, porém, é que alguns serviços, ao reconhecerem, de um lado, que a pauperização não é uma situação individual mas sim coletiva, e, de outro lado, a importância fundamental de determinadas "mercadorias" para uma efetiva prestação de serviços, vêm incorporando seu fornecimento como parte integrante do processo de prestação de serviços. Com isto, o "atestado" de pobreza individual sai das mãos do profissional e passa para a própria realidade vivida pela população.[6]

Concretizam estas afirmações o fornecimento de leite, de remédios, pelos serviços governamentais de assistência materno-infantil. Hoje as despesas com estas "mercadorias" absorvem percentual significativo dos orçamentos dos órgãos públicos de saúde que vêm estudando formas alternativas de fornecê-las à população.[7]

Assim, à medida que a pauperização da população passa a ser reconhecida como coletiva e não individual, institucionaliza-se o fornecimento desses "objetos externos" através de serviços e outras formas coletivas ou impessoais para satisfação das necessidades básicas do trabalhador.[8]

---

6. A eliminação pelo governo da necessidade de atestado de pobreza em nome da desburocratização não deixa de ser, também, o reconhecimento tácito da pobreza da população brasileira, terminando por não necessitar do ajuizamento particular de um profissional.

7. É interessante observar que professores públicos já utilizam corriqueiramente a afirmação de que, hoje, são mais assistentes sociais do que professores.

8. A investigação do grau e formas de incorporação das "mercadorias" à prestação de serviços pelos órgãos públicos poderia ser uma análise pertinente ao tema da assistência social. Inclui-se ainda como possível tema de investigação a compreensão do Serviço Social como um serviço e suas especificações na divisão sociotécnica do trabalho.

Via de regra, os serviços públicos são padronizados para um cidadão que possua condições de pagar suas taxas e emolumentos. Esta é a forma "normal" de acesso aos serviços produzidos pelo Estado. Uma das formas de reconhecimento da pauperização da população tem sido ou a isenção desses pagamentos para determinados segmentos sociais, ou a introdução de modalidades de serviços simplificados e de baixo custo de investimento operacional, com a consequente eliminação ou redução dos valores financeiros do serviço.

Exemplo disto é a redução das taxas de fornecimento de energia elétrica para a população favelada de São Paulo pela Eletropaulo.[9]

Perpassa a prestação dos serviços de assistência social pública uma certa noção de gratuidade, como se a riqueza do Estado viesse de outra fonte que não a própria riqueza produzida pelo trabalhador.

Estas considerações são indicativas de uma tendência que hoje se coloca para as políticas de assistência social: *a pauperização massiva da população brasileira está descaracterizando a assistência social como uma área específica de despesa governamental e, em contrapartida, está transformando vários serviços públicos em serviços de "assistência social".*

Portanto, a leitura da pauperização extensiva da população brasileira, somada aos movimentos organizados de reivindicação e luta da população pelo atendimento às suas necessidades desmascararam a assistência como prática dirigida a grupos minoritários, ou ao atendimento de carecimentos individuais ou emergenciais.

Com isto fragiliza-se a necessidade de critérios pessoais de elegibilidade e, portanto, de triagem da demanda. Um dos

---

9. Mesmo em alguns serviços em que não se aplicam taxas de consumo, como o ensino, engendram-se muitas vezes formas de recolhimento de "contribuições".

avanços na constituição de direitos sociais é exatamente a universalidade da elegibilidade. Posta a situação como necessidade do cidadão, a questão é atendê-la, solucioná-la e não de qualificá-la ou graduá-la.

A tendência persistente de considerar a "clientela" usuária dos programas assistenciais como "quarto estrato" transforma os trabalhadores que a eles recorrem em grupos dependentes, frágeis, sem condições próprias de reversão de seu quadro de pobreza.[10]

Nessa perspectiva, a assistência se dirige à marginalidade social urbana causada pela insuficiência de renda, aspectos socioculturais e psicológicos de dependência, inter-relacionados numa causação circular cumulativa. Trata-se, nessa perspectiva, de qualificar a demanda a partir do enfoque dualista "marginalização-integração", criando-se inclusive um gradiente de estratificação social da população entre população marginal, dependente, subintegrada e integrada.

Ainda nessa concepção, a ênfase dos programas assistenciais não deve se dar na provisão da necessidade, mas sim na adoção de um "sistema moderno", fugindo do "assistencialismo tradicional", ou seja, adotar um modelo de "promoção social" calcado em uma

"concepção de *desenvolvimento social* em que os objetivos a serem atingidos não constituam, conforme destaca o "próprio II PND, uma *simples consequência da política econômica*, mas

---

10. Ver notas anteriores a respeito do conceito de quarto estrato e classes subalternizadas. Entende-se que os serviços assistenciais não se referem a um estrato, mas ao conjunto dos trabalhadores, principalmente nas características do capitalismo brasileiro subdesenvolvido, autoritário, fortemente espoliador da força de trabalho.

tenham sua validade justificada por variáveis de ordem sócio-humana".[11]

O reconhecimento do *componente de classe* na demanda dos programas assistenciais vem se mostrando pela extensão do chamado "grupo minoritário", pela fragilização dos processos de elegibilidade e pela presença de despesas de "assistência social" nos orçamentos dos programas sociais. Mas vem se mostrando, sobretudo, e no período em que este estudo se coloca, na luta dos trabalhadores pela sua condição de subsistência e no enfrentamento da espoliação urbana a que estão submetidos.

A espoliação urbana, por sua vez, não é um processo que possa ser desvinculado da acumulação do capital e do grau de pauperismo da população. Os trabalhadores explorados são também moradores espoliados. A separação entre a produção e reprodução da força de trabalho é mais uma aparência do que fato.

Lucio Kowarick, ao analisar os níveis de vida, ou de espoliação urbana da população, mostra seu cunho coletivo. Isto é, os níveis de vida não decorrem simplesmente do grau de pauperização e do padrão de consumo individual, mas também dos níveis urbanos de reprodução da força de trabalho. Estes se constituem da gama variada dos serviços de consumo coletivos que são vitais para a subsistência dos trabalhadores e para a manutenção de sua capacidade de Trabalho.[12]

---

11. As concepções desse parágrafo e do anterior se referem ao Seminário de Bom Clima, conforme documento ns. 90 e 91 do CBCISS.

12. Kowarick (1984, p. 71), ao elaborar essa análise, ressalta que não se pode concluir que haja uma ligação linear entre precariedade das condições de existência e os embates que a população afetada trava. A situação comum de exclusão socio-

É o Estado que produz, direta ou indiretamente, esses serviços fundamentais ao cotidiano do trabalhador.

"Assim, mesmo quando são mantidos os graus de pauperização dos trabalhadores, os seus níveis urbanos de reprodução poderão melhorar ou piorar em função do que consigam 'retirar' do poder público em termos de bens de consumo coletivos, subsídios à habitação popular ou acesso à terra urbanizada, processos que variam enormemente em função de conjunturas políticas e que podem ou não estar associados às conquistas que os trabalhadores obtêm na esfera das relações de produção" (Kowarick, 1984, p. 72).

Com estas lutas as necessidades de subsistência são pauta de reivindicação dos trabalhadores, que pressionam os órgãos governamentais pela melhoria dos componentes necessários à sua sobrevida.

O Estado, pela própria historicização das necessidades sociais, passa a assumir novos encargos frente à sociedade. Torna-se, cada vez mais, um agente produtor e organizador das desigualdades e do espaço de confronto.

O Estado e com ele seus programas e agentes institucionais, que deles dão conta, principalmente os dirigentes, terminam sendo um foco para onde se canalizam os conflitos e

---

econômica tem levado a uma gama de manifestações e trajetórias díspares, onde as condições estruturais têm sido mais um pano de fundo. Com isto, afirma que "a pauperização e a espoliação são apenas matérias-primas que potencialmente alimentam os conflitos sociais: entre as contradições imperantes e as lutas propriamente ditas há todo um processo de produção de experiência que não está, de antemão, tecido na teia das determinações estruturais". Acrescenta ainda: "Inclino-me a privilegiar as demandas ligadas às necessidades básicas de subsistência como sendo as que podem se transformar em lutas de maior alcance político, na medida em que mais penetram nas contradições que estruturam as formas de domínio e exclusão de uma sociedade" (Kowarick, 1984, p. 72).

pressões pelos serviços coletivos enquanto espaço de atendimento às necessidades que se colocam no cotidiano da força de trabalho.

A assistência social, através de seus programas, torna-se, assim, o conjunto de práticas que o Estado desenvolve direta ou indiretamente, junto às classes subalternizadas, com aparente caráter compensatório das desigualdades sociais geradas pelo modo de produção.

Esta concepção não a diferencia das demais políticas sociais, termina até por identificar as políticas públicas de corte social como políticas de assistência pública. Principalmente porque o Estado não rompe este vínculo aparente do assistencial, que lhe permite não só responder, precária e insuficientemente, como reiterar a tutela.

Na realidade, no tipo de capitalismo em expansão no Brasil, as políticas sociais não se proporiam a sanar as desigualdades, mas, pelo contrário, a mantê-las a custos políticos favoráveis, como formas de redução dos agravamentos dos conflitos sociais.

A assistência pública, e nela a assistência social pública, é compreendida como o mecanismo político através do qual o Estado pretende "dar conta" dos excluídos.

A partir desta compreensão os *limites entre assistência social e assistência pública chegam a se dissolver. O social não significa a benesse da sociedade em promover a assistência. É social por dizer respeito a uma forma de se constituir em sociedade, nas relações sociais.* Com isto, o social recebe uma conotação coletiva e não individualizante. E este coletivo se dá enquanto identidade de vivência de espoliação, de "carência" e da necessidade de subsistir.

A assistência, como um mecanismo presente nas políticas sociais, atravessa e é atravessada pelos embates das lutas de classe.

Um questionamento possível a esta compreensão é o de que ela não dá conta das implicações da carência em nível individual. Ao privilegiar o coletivo, eliminaria a dimensão psicossocial, ou o conteúdo interpessoal das relações. Privilegiar o coletivo não é negar o individual, ou não reconhecer que as questões se colocam também a este plano. É tornar claro que, subjacente a este plano, há a dimensão sociocultural e política,

É tornar claro, como diz Eunice Durham, que o indivíduo

"só é plenamente reconhecido como pessoa, como *sujeito*, nos grupos primários que se estruturam na vida privada: a família, os parentes, os amigos e vizinhos. Na esfera pública, tende a ser despersonalizado e figura como vendedor de força de trabalho, comprador de mercadorias, beneficiário do INPS, usuário do transporte coletivo, eleitor, homem-massa" (Durham, 1984, p. 28).

Os movimentos sociais vêm constituindo as pessoas na esfera pública através da coletivização de

"experiências individuais e fragmentadas, encerradas nos limites da vida privada [...] viverem essa experiência como um enriquecimento pessoal, uma intensificação de sua qualidade de sujeitos" (Durham, 1984, p. 28).

A esta análise Tilman Evers acrescenta, ao considerar a relação entre pessoas e movimentos sociais: o *ser sujeito* não pode ser pensado como "individualidades completas", mas antes como "fragmentos da subjetividade atravessando a consciência e a prática de pessoas e organizações" (Evers, 1984, p. 12-9).

O sujeito seria o indivíduo plenamente realizado dentro de uma sociedade desalienada, em outros termos, um sujeito não encontrável no começo aparecerá apenas no hipotético final do processo.

Trata-se de recuperar a subjetividade transpessoal para analisar a questão individual.

Outra indagação seria a de que estas perspectivas consistem em trajetórias a percorrer, visto que a vida social está mercantilizada e desumanizada ao extremo. Ou ainda de que, ao lado de segmentos mobilizados da população, há grandes setores "marginalizados", "acomodados".

A perspectiva que se enfatiza é a de que os movimentos sociais populares constituem uma forma de liberdade de um potencial construtivo para novos caminhos que podem e devem ser autônomos.

A exploração que atravessa a sociedade sem dúvida gera situações de extremo abandono psicológico, social e biológico, cujo enfrentamento pessoal requer forças de que nem sempre os indivíduos dispõem: pela idade, pela precária situação de saúde, pelo isolamento enquanto "ser só no mundo".[13]

Com isto, não se negam os processos terapêuticos, os apoios individuais como componentes da ação assistencial e, em particular, da assistência social. Mas se afirma que avançar a própria terapia implica ter presente a referência à totalidade.

O doente requer abrigo num albergue via de regra pela precariedade do atendimento de saúde que lhe foi prestado

---

13. Ver a respeito Lane e Codo (1984) e Lane (1980, p. 96), onde diz: "[...] Por mais que enfatizemos a unicidade, a individualidade de cada ser humano, por mais *sui generis* que se possa ser" [...] (essa individualidade) "só poderá ocorrer sobre os conteúdos que a sociedade lhe dá, sobre as condições de vida reais que ela lhe permite ter".

e que redundou numa situação de agravamento. Ou porque a espoliação de sua força de trabalho terminou não lhe dando condições de manter o "corpo em pé". Hoje os abrigos e albergues são retaguarda de hospitais públicos e não têm condições de operação para conduzir o processo de reabilitação.

O idoso termina abandonado enquanto sua aposentadoria, um percentual abaixo do salário mínimo, não lhe permite sobreviver, buscando o asilamento como estratégia de sobrevivência.

Marie Ghislaine Stoffles, ao estudar os mendigos na cidade de São Paulo, mostra os estigmas que a polícia, o Serviço Social e a obra assistencial produzem no seu atendimento enquanto representam o antitrabalho, o desviante da ordem (Stoffles, 1977).

Situar, portanto, a assistência social como espaço de atenção à população de "risco", mais espoliada, implica reler a procedência de classe do risco social (a quem?) e a espoliação (de quem?).

Não basta, contudo, a leitura da gênese das situações, há que se pensar na direção das práticas que sobre elas incidem.

O isolamento da prática e o reducionismo ao atendimento individualizado provoca o distanciamento da realidade na sua globalidade: a leitura da realidade, nessa perspectiva, não se faz a partir da conjuntura mais ampla e, sim, da somatória das histórias individuais de carência.

2. Assistência e assistencialismo

Os profissionais habitualmente têm categorizado suas ações como assistenciais ou não a partir de: sua aparência, quanto à presença/ausência do auxílio concreto e da dicoto-mização do processo de trabalho em individual ou coletivo. Sob esta leitura são lidas e consideradas como assistencial a concessão de benefícios individuais e as atividades que, mesmo coletivas, não permitem o seguimento da ação e se extinguem no imediato.

Numa certa analogia com os serviços de saúde po-der-se-ia dizer que estaria em questão o tradicional debate entre ações curativas e ações preventivas. A população busca o curativo e o técnico valoriza o preventivo, terminando por se desenvolverem os especialistas em uma e outra modali-dade de ação, atribuindo-se inclusive, no seio da categoria, valores diferenciados em função da hegemonia de uma ou outra leitura.

A assistência é vista até como necessária por alguns, mas vazia de "consequências transformadoras". Sua operação é revestida de um sentido de provisoriedade, mantendo-se isolada e desarticulada de outras práticas sociais.

Os estigmas criados historicamente em torno da prática da assistência social mantêm-na num círculo vicioso e fecha-do de autorreprodução. Não há reflexão teórica, base neces-sária de realimentação crítica.

A rejeição persistente das atividades tidas como de "as-sistência social" faz com que estas se mantenham inalteradas, guardando um ranço conservador. Suas inovações, quando ocorrem, já que concretamente o assistente social continua a enfrentá-las em sua prática, se revestem de um extremo bu-rocratismo. Este burocratismo concretiza a necessária "assep-sia técnica" que irá inclusive permitir ao assistente social designar para exercer tais funções o atendente e auxiliar so-cial, ou até mesmo o aluno estagiário, que aplicará normas burocráticas sob a supervisão do profissional.

ASSISTÊNCIA NA TRAJETÓRIA DAS POLÍTICAS SOCIAIS BRASILEIRAS

Assim, a tendência, na busca de um desempenho competente, quando ocorre, é a de introduzir processos terapêuticos de ajuda, mais que processos coletivos de mudança. Há uma persistente dificuldade do técnico no trato da ação assistencial com a população.

Nessa compreensão os profissionais terminam por desenvolver sua prática de modo paternalista e burocrático. Ao tratar a população de modo paternalista permanecem reproduzindo a dominação e repassando os serviços como "benefícios" que o Estado "concede". Cria-se a dependência e reproduz-se mecanicamente as ações.

Nesse tipo de prática a necessidade se constitui num objeto de ajuda, numa dificuldade a ser eliminada, mesmo que isto signifique "passar por cima" do assistido.

Outra tendência, que se contrapõe a esta vertente tecnicista, é a de atribuir à presença do "objeto" que intermedeia a prática profissional a reiteração da subalternidade.[14]

Com isto a prática desenvolvida seria assistencialista enquanto reiteradora da dependência.

Não é a simples presença do benefício intermediando a ação profissional que a caracteriza como assistencialista. O que está em questão é a compreensão mesma da finalidade social na definição dos interesses da força de trabalho ou do capital.

É preciso tornar claro que a prestação de serviços assistenciais não é o elemento revelador da prática assistencialista. Considerar que a prestação de serviços é meramente reprodutora, paternalista, opressora, significa afirmar que a prática profissional

---

14. Conforme já abordamos anteriormente, referindo-o como a "mercadoria" ou o serviço em si.

é unidirecional, realizando somente o interesse do capital. Há que se recuperar no âmbito de ação profissional os interesses dos setores populares.

Há que se ter presente que esses serviços atendem a necessidades concretas da população.

O caráter assistencialista, quando presente na prática do assistente social, não é decorrência simples e direta da tarefa, da atividade que cumpre, mas sim, da direção que imprime às mesmas. Consequentemente, a questão não se reduz ao objeto, mas a como ela se desenvolve.[15]

É claro que não se está afirmando com isto que as ações do profissional sejam meros produtos de sua vontade. Ele se move no meio institucional, entre contradições: de um lado, os objetivos formais da instituição e, de outro, os serviços concretamente relacionados com as classes subalternizadas.

As finalidades das ações devem ser compreendidas para além delas mesmas, em relação aos elementos políticos, sociais e econômicos que as determinam e às circunstâncias históricas em que se desenvolvem.

A compreensão da relação assistência-assistencialismo se aclara quando colocada para além das ações da profissão, isto é, nas próprias políticas sociais. Norberto Alayon, ao proceder a esta análise, considera como assistencialismo *não uma leitura particular da profissão*, mas uma das atividades

---

15. Conforme nota 13, do capítulo 3, Leila Lima Santos e Norberto Alayon são dois autores latino-americanos que apresentaram contribuições para a discussão da assistência. Para Leila Lima Santos o assistencialismo consistiria numa corrente do Serviço Social que considera a atividade profissional como a verdade em si mesma, caracterizando o pensar ingênuo da profissão. A compreensão, a história autorreferente ou autônoma da profissão termina por configurá-la mais como uma crença, uma metafísica, ou, por que não?, uma seita. Alayon, conforme o texto, trabalha estabelecendo a relação entre a assistência e as políticas sociais.

sociais que historicamente as classes dominantes implementaram para reduzir a miséria que geravam e para perpetuar o sistema de exploração do trabalhador.

Nesta perspectiva, o assistencialismo consiste numa atividade *que recebeu diferentes nuanças históricas* e que não se constitui numa excrescência particular do Serviço Social, mas sim uma parte da lógica capitalista. O assistencial torna-se a única face possível do capitalismo a justificar as desigualdades sociais.

Ao buscar constituir uma face humanitária, embaça as impunidades dessa forma autoritária e devastadora do capitalismo na sociedade brasileira. A satisfação dos "pobres" deve se dar de forma comedida e atenta ao uso que o beneficiário faz do serviço. Há que se garantir a neutralização de tensões, mas sem elevar plenamente as condições de vida, ou a plenitude do acesso aos serviços.

A assistência à população através de "benefícios" individuais, grupais ou coletivos é decorrente de uma situação real, embora não deixe de ser uma forma do Estado mascarar a dívida social que possui para com a população. Mas, por outro lado, na lógica do capital, ela representa a única forma de acesso a bens e serviços a que tem direito. Assim, a assistência é uma contingência que se coloca no trabalho do assistente social, como de outros profissionais, em razão da sobrevivência da população e por consistir na forma com que a lógica capitalista brasileira estende os bens e serviços às classes subalternizadas.

Nesta lógica, o assistente social cumpre função legitimadora quando a orientação político-ideológica de sua prática não se dá sob marcos críticos, restringindo-se à *aparência*, reiterando consequentemente o assistencialismo.

Ao desvincular o conteúdo político de sua prática termina por reiterar, em pretensos atos técnicos, a alienação do trabalhador.[16]

16. A alienação do trabalhador reproduzida e até produzida na prática profissional é uma das questões que está a ensejar pesquisas e desmontagens críticas. Exemplificam esta afirmação a reconstituição das trajetórias dos "assistidos" nos tradicionais procedimentos de triagem, entrevista e encaminhamento realizados nos plantões de atendimento. A triagem, procedimento inicial obrigatório, submete o assistido a um processo burocrático de preenchimento de fichas de identificação, nem sempre permitindo o clima e o tempo necessário a que as pessoas exponham suas necessidades de ajuda. Os funcionários que realizam a triagem nem sempre têm competência para a função. Dada a carência de recursos humanos, esta função é delegada a atendentes ou a administrativos.

Com este condicionante, a triagem cumpre apenas a tarefa de "peneiramento" dos assistidos. Através de critérios de elegibilidade são triados aqueles que interessam à instituição ou que ela pode atender.

As condições institucionais introduzem poderosas formas de seletividade que contribuem para reproduzir a desigualdade social por meio de um duplo mecanismo: de um lado, a exclusão da maioria da demanda e, de outro, o esvanecer de seu sentido político, na medida em que a exclusão aparece apenas como o fazer técnico profissional. A triagem significa tão somente um processo de controle e reforço da exclusão, que a população busca "furar" com processos de contramanipulação. Em geral, esta sabe que precisa representar, para o funcionário que realiza a triagem, um quadro dramático de impotência para obter condição de acesso na instituição.

A triagem tem um papel, nem sempre percebido e realizado, de registro vivo do cotidiano das classes subalternizadas, de suas carências e de suas estratégias de resistência e sobrevivência. Tem igualmente um papel fundamental de veiculação de informações referentes ao direito à assistência, à compreensão da burocracia institucional e à motivação para busca dos serviços que necessita e de organizações sócio-comunitárias a que possa se somar no enfraquecimento de seu cotidiano.

As entrevistas de ajuda e de encaminhamento são o passo subsequente. As pessoas que ultrapassam a barreira da triagem obtêm uma condição de escuta através das chamadas "entrevistas de ajuda". Nelas o assistido deposita sua história de vida que, na maioria das vezes, é trabalhada nos aspectos circunstanciais: a sua, singularidade é descolada de sua situação de classe.

O privilégio de ser atendido reproduz da mesma forma a alienação destes de seu destino singular e coletivo.

O assistido se transforma em prontuário e soma de carências, das quais cada instituição "pinça" a carência que lhe pertence ou que lhe faculta destinar uma ajuda. O assistido perde assim a sua identidade de cidadão e aprende, fatalmente, se rompeu a burocracia e obteve ajuda, a percorrer individualmente as várias ins-

Cria-se para os assistidos um elenco de instituições e serviços percorrer, caminhada esta frustrante, pois nela não

tituições para obter novas ajudas parciais. *Aqui se forja e se reforça a alienação de seu destino singular e coletivo.*

Desta forma, a entrevista encaminha-se processualmente para "pinçar" carências possíveis de ajuda individual:

— à fome, destinam-se cotas alimentares, quando existentes, como recurso de ajuda a nível daquela instituição;

— à doença destinam-se os medicamentos listados no receituário do médico ou aparelhos de órtese e prótese, quando é comprovada a ausência de renda para sua aquisição e existe disponibilidade desse recurso na instituição;

— à ausência de documentos, a provisão de documentos de identidade ou profissional;

— à ausência de moradia, o auxílio financeiro para caução do aluguel de cômodos ou passe-transporte para retorno à cidade de origem ou, ainda, autorização para construção de barraco em áreas governamentais;

— à ausência de emprego ou de qualificação profissional, o encaminhamento a serviços de colocação e cursos profissionalizantes;

— à necessidade de guarda das crianças, o encaminhamento destas a creches existentes que apresentem vagas.

Este somatório de ajudas, destinado sempre de forma parcial ou insuficiente, exigindo novos retornos para obtenção de novas ajudas, também insuficientes, reforça um comportamento de dependência e, especialmente, mina sentimentos de autoestima e dignidade, transformando-o rapidamente em mendicante institucional.

Concomitante à ajuda material e profissional processa uma ajuda expressa através da orientação psicossocial. O conteúdo dessa orientação é basicamente a informação decodificada e trabalhada enquanto elemento motivador e *clarificador* dos passos a serem seguidos pelo cliente, a nível singular, para obtenção de melhor ajuste social e superação dos fatores agudos que lhe impedem a provisão de sua subsistência.

Os encaminhamentos à rede de "entidades sociais" é instrumento inerente à ajuda assistencial individualizada. Ou seja, "o pacote de ajudas" que se oferece ao cliente se viabiliza concretamente através de uma rede de serviços e bens produzidos de forma compensatória para a classe trabalhadora: creches, programas de educação supletiva e profissionalizante, programas de provisão de habitação, desenvolvimento comunitário.

Os encaminhamentos, da forma como se realizam — individualmente e sem garantias dos serviços receptores do encaminhamento absorverem novas demandas —, transformam-se em novo instrumento opressor.

Há uma perda de identidade da prática da assistência enquanto prática real, concreta, desenvolvida pelos profissionais de Serviço Social e consequente perda são atendidos. *Esta caminhada se transforma também em aprendizado da alienação como estratégia de sobrevivência.*

A prática cotidiana do assistente social o coloca em confronto progressivo com as políticas estatais assistenciais e aquelas implementadas por inúmeras instituições privadas de corte assistencial. Isto leva muitas vezes a que o profissional proceda a uma leitura dessas ações dentro dos umbrais da instituição, reduzindo-a aos elementos imediatos determinados pela própria organização burocratizada. Ou, então, leva a que ele desenvolva uma certa "esquizofrenia". De um lado, o profissional pratica a assistência, como exigência de seu desempenho, de outro, recusa-a, nega-a a favor de outra prática, que entende como educativa.

As políticas sociais são também um espaço de lutas cujos resultados variam em função das diferentes conjunturas históricas. Ou seja, existem momentos de potencialização de conflitos, onde a fragmentação de lutas se aglutina em torno de oposições e adquire caráter coletivo. Por decorrência deste movimento, as políticas sociais particularizam-se em diferentes momentos históricos conforme o grau de prevalência dos interesses da força de trabalho em suas proposições.

E nesta prevalência é que repousa, também, o significado (e o compromisso) da prática do assistente social. Prática esta que se desenvolve quase que num movimento pendular

---

da identidade do profissional, cujos serviços prestados são enquadrados como "assistenciais".

O descompromisso e desvalorização desta prática determina que os profissionais encarregados de sua execução sejam considerados menos capacitados e mais "acomodados" no quadro institucional, configurando quase que a prática de "segunda classe". Não se diminui com isto a questão da competência técnica, mas, sim, vincula-se o fazer técnico ao sentido político. E há uma certa incompetência profissional no que concerne à articulação política dos elementos essenciais subjacentes à prática assistencial.

ASSISTÊNCIA NA TRAJETÓRIA DAS POLÍTICAS SOCIAIS BRASILEIRAS

entre prover bens e serviços à população, representar o apoio do Estado à população[17] e constituir uma força, na direção do avanço da presença dos interesses e da organização popular como forma de desmascarar o ilusório.

A prática do assistente social é, portanto, atravessada (e atravessa) pelas lutas políticas de classe.

Por outro lado, se as políticas sociais antecipam as necessidades da população e tendem a *abafar conflitos* e *desmobilizar as lutas populares*, a *população apoia* quem dá respostas concretas às suas necessidades e se contrapõe àqueles que reduzem a prestação de serviços que atendam a essas necessidades. Norberto Alayon levanta que o importante, para a população, não é a *política social em si*, mas sim o tanto que esta a beneficia ou as possibilidades concretas que ela lhe dá para o enfrentamento cotidiano.

Há que se ter presente que as ações das políticas sociais são, ao mesmo tempo, reforço da exclusão e esperança enquanto possibilidade de usufruto de bens o serviços. No movimento desta dupla face elas acabam por se converter em possibilidade de mobilização popular pela conquista e apropriação destes bens e serviços.

Não se pode esquecer que existem duas lutas imbricadas: uma para a superação das condições estruturais determinantes da miséria, das desigualdades sociais; mas, ao mesmo tempo, a luta para reduzir as situações conjunturais da exploração. Não se pode esquecer também que a prática do assistente social não resolve em si mesma os problemas estruturais e de fundo das populações, mas que não é por isso que se deve impedir que a mesma concretize em respostas o

---

17. Lembrando a citada frase popular: "Assistente social é a moça que o governo paga para ter dó da gente".

atendimento às suas necessidades tangíveis, articulando-as com reivindicações maiores que encaminham o processo de mudança estrutural.

"O vigor reivindicatório só pode ser plenamente resgatado quando, além do grande cenário organizacional — sindicatos e partidos —, se desce para uma teia cotidiana de lutas que transformou práticas isoladas em experiências que se acumularam para embates de maior envergadura" (Kowarick, 1984, p. 75).

A prática assistencial, assim pensada, não se reduz à provisão imediata de ajuda, transformando-se em instância de mediação fundamental ao avanço da consciência e apropriação de bens e serviços pelas classes subalternizadas. A assistência é uma instância de mediação que atua na trama das relações de confronto e de conquista.[18]

---

18. O conceito de mediação necessita ser reconstruído nas análises do Serviço Social. No senso comum identifica-se mediação com intermediação, isto é, o comportamento de estar no meio, de forma neutra, na resolução de uma questão. Esta concepção de mediação é inclusive atribuída explicitamente como função em processos de negociação. A mediação é aqui entendida como as *passagens* que o assistente social realiza no cerne das relações sociais capitalistas de produção e que *vinculam os movimentos pelos quais efetiva sua prática*.

Na lógica formal a mediação é entendida como as variáveis intervenientes aos atores que se colocam no meio e não permitem caracterizar o "real". O "ideal" seriam relações diretas, puras.

As mediações fazem parte do real, são as instâncias de passagem que conformam o concreto. Expressam relações concretas e vinculam mútua e dialeticamente momentos diferentes de um todo. Nessa passagem se trava uma teia de relações contraditórias que se imbricam mutuamente.

A categoria da mediação permite indicar que nada é isolado, isto seria reduzir o exame das questões às suas relações exteriores. Há uma conexão dialética que permite afastar oposições irredutíveis sem síntese superadora.

Mediação se refere à aparência pela qual são criados vínculos nas relações. Com isto podemos falar em um sistema de mediações capitalistas. Pensar a mediação

A prática profissional, recolocada nesta perspectiva, não permite considerar como assistencialista as ações desenvolvidas simplesmente pela presença de um "objeto" que atenda às necessidades concretas das classes subalternizadas. Esse "objeto externo" já tem dentro de si o trabalho social cristalizado. Não é ele enquanto objeto que funda a relação de subalternidade, embora, até aparentemente, possa parecer e representar isto. É possível até se dizer que não é como valor de uso que a presença desse objeto concreto gera o assistencialismo.

Pelo contrário, como valor de uso ele é até a mostra concreta e palpável da espoliação da força de trabalho, que não tem na sua remuneração condições de atender às necessidades para sua reprodução. Para alguns segmentos da força de trabalho é criado pelo Estado (ou pela filantropia privada) um "mercado especial de consumo". Com isto, não se quer privilegiar a economia de mercado, mas destacar a forma particular de tratamento das classes subalternizadas na nossa realidade.

Está em questão, portanto, desvendar o que se dá na passagem desse "objeto", desse "serviço", que o configura como uma relação assistencialista. Qual a relação universal-particular que é materializada nesse serviço?

Por tudo o que neste estudo já se trouxe à discussão conclui-se que, *se a assistência é para o Estado um mecanismo que conforma as políticas sociais, para a população pode ser entendida como uma instância de mediação, enquanto vincula mútua e dialeticamente totalidades diferentes.*

---

implica também a discussão da institucionalização dos meios e sua reificação. O aprofundamento desta categoria pode ser realizado em Marx (1975), Mézáros (1981), Sartre (1979) e ainda Cury (1979), complementado por Mello (1982).

A categoria mediação se constitui no conjunto de movimentos contraditórios que se dão em ações recíprocas.

Refletindo desse modo, um primeiro desvendamento: *à medida que o profissional assiste, ao mesmo tempo configura que aquele assistido não dispõe de "poder aquisitivo" para, por si só, responder a suas necessidades*. Portanto, *o primeiro vínculo que se estabelece entre o profissional e o assistido se funda na afirmação da exclusão*.

Ao assistir, recoloca-se a questão fundamental da existência da necessidade e a ausência das condições de supri-la por si só. E são as necessidades mais vitais que, via de regra, são incluídas nesses serviços. Eles constituem, portanto, a expressão palpável da condição de vida a que segmentos da população estão sujeitos.

Mas proceder a esse serviço, o auxílio, enfim, configurar o conteúdo objetivo da prática, não é simplesmente criar um "novo tipo especial de mercado de consumo", é sim uma forma *tática de vincular dominantes e dominados*. Neste movimento e pelas suas ações os serviços assistenciais se apossam da exclusão, não só para dar conta do "agravamento da miséria", mesmo que precariamente, mas, sobretudo, para o desenvolvimento de estratégias de subordinação intrínsecas a essa prática. *Da totalidade excluído-necessitado os serviços produzem uma nova totalidade, o excluído-sujeitado*. É com essa tática que, de um lado, se recoloca a ocorrência efetiva da necessidade, da pauperização e, de outro, a ela se somam formas estratégicas de reiterar a adesão pelo consenso e pela persuasão.

O assistente social é um dos profissionais que medeia essa tática enquanto dá conta dos movimentos que realizam essa *relação de cumplicidade entre assistido-assistência*. Configura-se como relação de cumplicidade porque o auxílio, o serviço é também a forma de atender a uma necessidade real da população. A passagem exclusão-inclusão corresponde, pois, a uma totalidade buscada pela população.

Há, portanto, um efeito social e político contido na prática assistencial que encobre a relação de direito pela de subordinação. A não compreensão desse imbricamento leva a que os profissionais, ao incluir, trabalhem com um discurso homogeneizador, igualizante das diferenças sociais, e não captem o fundamental enquanto o componente de classe contido nessa prática.

A ação profissional passa a ser centrada no "incluído" e no aprimoramento de critérios justificatórios de inclusão em nome da realização da justiça social: isto é, no atendimento ao mais necessitado.

A reiteração da exclusão é inerente aos processos de seleção e triagem. Movimentar essa exclusão na direção da inclusão é encontrar formas de atender os que aguardam: na fila, na área de abrangência do serviço, numa região mais ampla, no segmento de classe etc.

O assistencialismo se torna presente no *movimento inclusão-exclusão* enquanto *descola o incluído* dos seus pares, do seu universal, da sua situação de classe, tratando-o como um particular. Torna-se presente, ainda, quando se atribui como mediador da inclusão o poder burocrático instituído, que concede ou não o serviço, como se fosse propriedade particular do profissional.

Romper o assistencialismo não é romper com o serviço em si, mas com o engodo, com o mágico que é reificado em sua mediação. Mas, se a realização da necessidade implica a inclusão do "assistido", isto seria viável? Não se estaria nesta reflexão criando um novo engodo?

Há pouco se apontava que uma ação no sentido da não reiteração do assistencialismo consistia em pensar a *inclusão dos excluídos*. Isto é, estender cada vez mais a universalidade da elegibilidade dos serviços através tanto da expansão do existente, como da criação de novas formas que ampliem a cobertura das diferentes necessidades.

Outro movimento a ser resgatado nessa mediação é a *exclusão dos incluídos*. A passagem da exclusão-inclusão não é instantânea e nem se faz de uma só maneira. E a inclusão, também, pela própria fragmentação dos programas sociais, se dá a partir de uma necessidade instituída. Com isto, a própria fragmentação é uma forma de não dar conta de todas as particularidades, de todas as esferas de necessidades, de carências das pessoas.

Outra questão é que as instituições são também limitadas pelas próprias circunstâncias em que se criaram, pelas próprias necessidades históricas que se propõem a atender. As instituições também esbarram em seus limites e com isto demandam uma dinâmica dos agentes por novas formas de ação, novos programas. Têm no seu horizonte a extensão da apropriação da demanda, o que, contraditoriamente, é um espaço concreto para a expansão dos serviços na direção dos interesses populares.

Portanto, se, de um lado, há um conteúdo ilusório para a população no sentido de que o serviço representa uma solução equalizante para sua necessidade, de outro, a instituição, através de seus agentes, mantém o ilusório de que suas práticas dão conta de todas as segmentações do indivíduo, do grupo, da população etc. Estes movimentos, embora não tenham igualdade de força, isto é, as instituições manipulam as forças subordinantes com maiores recursos e alianças, mostram algumas contradições que se acham subjacentes às aparências, e nelas é que se fundam espaços de movimentação da prática.

Não há uma subordinação plena e nem uma inclusão plena, até mesmo quando se adotam formas repressivas. Os exemplos da gestação de formas moleculares de lutas populares no negro período de repressão brasileira concretizam esta afirmação. É neste espaço que se organizam os movimentos, quando a partir de uma necessidade resgatam uma totalidade.

Romper com práticas assistenciais é romper com o vínculo do conformismo na relação entre possuído-despossuído.

A compreensão e produção dos serviços assistenciais a nível do aparente é a reiteração da subordinação e esta é que configura o assistencialismo como tática de ação. Ao realizar a passagem inclusão-exclusão sem se dar conta dos movimentos nela contidos, concorre para que ocorra o agravamento do efeito ideológico de subordinação.

Reorientar a prática assistencial na direção da luta pela constituição da cidadania implica ir além do aparente, de modo a fazer emergir a relação particular-universal, a vinculação entre o destino singular vivido e os determinantes gerais da classe a que pertence.

O caráter de mediação da assistência se dá enquanto seus *serviços* criam vínculos entre o Estado e a população através de movimentos de passagem da exclusão-inclusão e da inclusão-exclusão.

Com isto os serviços assistenciais, além de acesso a recursos para responder a necessidades reais, contêm movimentos tanto na direção da reprodução da alienação do trabalhador, quanto na direção do reforço à consolidação dos interesses populares.

Universalizar os serviços não significa integrar massivamente a população na condição de sujeitada, subalternizada. A questão não é assistência para todos, mas ter claros os direitos que são escamoteados pela face aparente da assistência.

A assistência pública é, portanto, intrínseca ao modelo econômico brasileiro, pautado nas contradições básicas entre o capital e o trabalho, numa formação social de capitalismo combinado, subdesenvolvido e industrializado. É intrínseca ainda à prática do assistente social enquanto este é o agente autorizado e capacitado para o desempenho da função assistencial em nossa sociedade.

Superá-la não é mera questão de técnica, mas de mudanças fundamentais na leitura e execução das políticas sociais. Implica compreender que os serviços assistenciais são parte do valor criado pela força de trabalho, apropriado pelo Estado e pela classe dominante e repassado como benefícios sociais. A assistência configura, portanto, uma resposta à questão social.

Nascidas das necessidades da população e articuladas como estratégias de controle do Estado sobre as classes subalternizadas, a fim de configurar a face humanitária do capitalismo sob a aparência de assistência ou benefício, as práticas de assistência social pública são, também, espaços de conquista de direitos sociais e de reconhecimento da cidadania das classes subalternizadas.

Restam algumas indagações:

Teriam os programas assistenciais abrangência ou dimensão de investimentos que de fato os constituam como uma área significativa de serviços públicos?

Qual a tendência atual: a ampliação concreta dos investimentos ou a adoção de mecanismos que ampliem o efeito ideológico de subordinação?

Responder a estas questões implica múltiplas pesquisas interprofissionais.

ASSISTÊNCIA COMO AÇÃO GOVERNAMENTAL

o aparato estatal em questão

A análise da assistência pública e, nela, da assistência social pública, implica explicitar as mediações que a ação estatal utiliza para fazer vigir suas decisões nesse campo de práticas.

Está em questão a complexificação da ação estatal através de organismos, aparatos administrativos, financeiros, nos diferentes níveis de poder federal, estadual e local.

O passo que agora se dá nessa direção é o de procurar elementos que configurem a maneira como o Estado se organiza, enquanto forma administrativa e financeira, para levar a cabo seus programas assistenciais.

Isto não significa que se privilegie a ótica do aparelho estatal ao impacto ou eficácia que as políticas sociais brasileiras contêm para as classes subalternizadas.

Trata-se de uma reflexão que se adota no exame do assistencial por se entender que a intenção política se revela não só no discurso, mas também na forma com que efetivamente se prepara o aparato governamental para constituir tais intenções.

O formato burocrático e as fontes de financiamento dos programas sociais permitem conhecer a direção que o Estado dá ao gerenciamento da força de trabalho.

O traço do assistencial nas políticas sociais pode também ser analisado a partir da desarticulação dos órgãos prestadores de tais serviços quando inexiste política governamental orientadora das ações e dos recursos aplicados.

As irracionalidades persistentes na caracterização do aparato governamental permitem outra aproximação da forma de tratamento dos excluídos pela gestão estatal.

Quanto ao formato burocrático, está em questão o aparato governamental que viabiliza as políticas e, neste, o espaço de presença e decisão que a força de trabalho tem nas questões e soluções que lhes dizem respeito. Está em questão, ainda, a dimensão do aparelho burocrático enquanto as formas com que se estende e se faz presente nas iniciativas privadas.

Outro ponto crucial diz respeito à estrutura de financiamento dos programas sociais, como demonstrativo da continuidade das intenções do Estado na solução dos problemas sociais.

Na perspectiva da presença da força de trabalho no gerenciamento das políticas sociais a análise dos investimentos estatais ganha expressão enquanto revela a existência ou não de uma intenção política deliberada. Os mecanismos redistributivos, o financiamento dos programas sociais se legitimam quando os investimentos, enquanto fixação de percentual orçamentário, se assentam em compromissos sociais de conjunto.

ASSISTÊNCIA NA TRAJETÓRIA DAS POLÍTICAS SOCIAIS BRASILEIRAS

Quanto mais as negociações se efetivam sob o emergencial, sob arranjos sociais eventuais, e quanto mais, ainda, expressam tão somente a correção tecnológica pela ação unilateral do Estado, mais se fragiliza a continuidade do montante de investimento na área social. Aumenta a vulnerabilidade de redução dos gastos públicos com os programas sociais na medida em que se assentam num nível muito baixo de legitimidade política.

Por outro lado, quanto às fontes de financiamento, duas grandes matrizes qualificam a ação estatal. A primeira refere-se à criação pelo Estado de fontes de receitas compulsórias captadas diretamente entre os proprietários dos meios de produção e/ou da dedução de parcelas do salário da força de trabalho. A segunda diz respeito ao financiamento através do desembolso orçamentário das fontes regulares do Estado. Esta matriz permite avaliar o grau de priorização dos programas sociais para o desembolso dos recursos estatais provindos das fontes orçamentárias regulares.

Dentro desta compreensão, as políticas sociais brasileiras, enquanto não se assentam em bases de negociação, não criam garantias de fixação dos investimentos estatais nas prioridades da força de trabalho. Este é um dos "saldos" do modelo autoritário e selvagem do capitalismo brasileiro.

Consequentemente, os investimentos governamentais, além de forte tendência à descontinuidade, terminam representando mais os interesses do capital.

Acresça-se a este favorecimento o fato de que as políticas sociais são em si mesmas espaço para a expansão de acumulação do capital.

O tratamento dado às políticas de assistência médica e às políticas habitacionais tem sido bastante analisado como espaço de mercantilização do social e de expansão para a acumulação.

A dispersão das fontes de consulta e a abrangência que a análise do aparato governamental exige fazem com que aqui se desenvolva um ensaio indicativo de outras pesquisas e levantamentos. A consulta de dados foi concentrada em informações do nível federal, e sempre na perspectiva urbana.

Os programas e os órgãos examinados são aqueles qualificados como executores de programas assistenciais. Os recursos financeiros trabalhados são os qualificados orçamentariamente como destinados à assistência enquanto área programática.

1. O formato burocrático da assistência social

Em nível federal, o aparato primordial para a assistência concentra-se no Ministério da Previdência e Assistência Social, através da Secretaria de Assistência Social e da Fundação Legião Brasileira de Assistência.[1]

Embora este delineamento seja genérico, o que se constata é que mesmo sem um suporte administrativo explícito,

---

1. Deve-se ter presente que, a nível da abrangência da ação, devem ser destacados a Funabem, criada pela Lei n. 4.513, de 1/12/1964, órgão normativo nacional responsável pela elaboração e implantação da política nacional de bem-estar do menor, que opera através de convênios de colaboração técnica e financeira no nível estadual e municipal. Aqui ela não é particularizada, na medida em que limitaria a análise política de assistência ao menor. Na mesma situação está a Febem-SP, criada em 26/4/1976 como nova denominação da Fundação Paulista de Promoção Social do Menor (Promenor), que já funcionava desde maio de 1974, e, subordinada à Secretaria de Promoção Social do Estado, que, pelos motivos expostos quanto à Funabem, não será também aqui analisado. Veja-se a respeito Battini (1981) e Bierrenbach (1981).

ASSISTÊNCIA NA TRAJETÓRIA DAS POLÍTICAS SOCIAIS BRASILEIRAS

órgãos governamentais no campo da saúde, educação, trabalho, transporte, habitação, agricultura, enfim, em várias áreas sociais, mantêm programas assistenciais.

Há uma tendência de se criar um suporte institucional "à parte" para dar conta dos excluídos, seja como um órgão específico no aparelho governamental, seja como programa especial dentro dos órgãos existentes.

Estes órgãos Como órgão público específico, no conjunto da ação governamental, recebe no mais das vezes a titulação de bem-estar, promoção, assistência, desenvolvimento social, e ocupa-se de um segmento da força de trabalho: os grupos da população que não participam diretamente do processo produtivo e sequer têm condições, por si só, de provar sua subsistência. São os dilapidados, os desgastados, isto é, idosos, abandonados, doentes mentais, acidentados, inválidos, entre outros denominados carentes.

Esses órgãos terminam tendo que reproduzir quase que o conjunto das ações governamentais para um segmento específico. É como se a sociedade dividida "em castas" exigisse um "governo especial" para um determinado segmento tido como população de risco ou vulnerável. Com isto, é característica a estes órgãos de assistência uma complexidade de frentes de trabalho, um conjunto de soluções diversificadas para as diferentes "esferas de subsistência" da população. Assim, eles se expandem através de um leque extenso de programas assistenciais que buscam responder às necessidades de saúde, educação, abrigo, trabalho, alimentação, subsistência dos excluídos. Conforme Lea Leal:

"O elenco desses programas, que identificam a LBA em todo o país, constitui um diversificado leque social que cobre toda a existência humana, pois vai da proteção à criança ainda no ventre materno à assistência ao idoso carente e marginalizado, passando pela implantação e manutenção de uma rede nacional de creches, pela execução de cuidados primários de saúde dirigidos à população materno-infantil, com ênfase em nutrição, educação para o trabalho, assistência judiciária, tratamento e reabilitação dos excepcionais" (LBA, 1984).

Pouco se tem estudado sobre esta rede de serviços no conjunto da ação governamental. Seu surgimento varia de acordo com a complexificação da ação governamental frente à realidade.

Constituem-se, em geral, a partir dos órgãos estatais que se ocupam da saúde ou do trabalho. Outra alternativa da gênese e ação desses órgãos assistenciais é sua face colada às ações e organismos geridos pelas primeiras damas.

Outra tendência é a da presença de programas assistenciais nos vários órgãos públicos, na qualidade de uma ação complementar. Com isto, dimensionar o aparato em nível federal e até mesmo estadual ou municipal é uma tarefa que exige uma investigação órgão a órgão.[2]

A atividade assistencial pública se realiza através da complexa organização estatal e é compartimentada nos vários setores de ação governamental (Ministério da Saúde, do Trabalho, da Previdência, da Educação, do Interior...), conjugando-se com programas, recursos e estruturas do nível federal a oferta estadual e municipal de serviços (ver Quadro I).

O Ministério da Previdência e Assistência Social, por meio da Secretaria de Assistência Social (SAS), seria o eixo

---

2. A presença do recurso orçamentário para assistência, conforme adiante será apresentado, confirma esta dimensão.

ASSISTÊNCIA NA TRAJETÓRIA DAS POLÍTICAS SOCIAIS BRASILEIRAS 119

QUADRO I

Distribuição por ministérios dos principais programas assistenciais de acordo com a previsão orçamentária de 1985

MINISTÉRIOS	PROGRAMAS	SUBPROGRAMAS
Ministério do Interior	assistência ao silvícola	
Ministério da Saúde	serviços funerários saúde materno-infantil assistência social geral	
Ministério da Previdência e Assistência Social	assistência ao menor assistência social geral	assistência financeira a entidades coordenação e fiscalização da política de assistência social projetos e atividades a cargo da Fundação Abrigo Redentor
Ministério da Educação e Cultura	assistência financeira	programa nacional de ações socioeducativas e culturais para o meio rural atividades a cargo do Fundo Nacional de Desenvolvimento da Educação Básica apoio ao Desenvolvimento da Educação Básica
	assistência comunitária	programas de ações socioeducativas e culturais para as populações carentes urbanas
	assistência ao educando	bolsas de estudo atividades a cargo da Fundação de Assistência ao Estudante
	assistência financeira a entidades educacionais, culturais, sociais e assistenciais	entidades de assistência social: registros e subvenções

Fonte: Orçamento da União para 1985.

de coordenação desses órgãos. A esta compete, de acordo com o Decreto-lei n. 76.719, de 3/12/1975, em seu art. 12, e com a Portaria n. 316, de 23/12/1975, *supervisionar a execução da política relativa à prestação de auxílio a pessoas carentes de recursos materiais, educacionais ou culturais e outras medidas de proteção social para cuja concessão não se haja exigido contraprestação direta dos assistidos.*[3]

Contudo, até hoje não se equacionou um sistema hierarquizado entre os diferentes níveis governamentais para a prestação dos serviços de assistência social, ou sequer uma política explícita, orientadora dos órgãos estaduais ou municipais. Mesmo sem discutir a orientação política das propostas existentes, portanto, já se pode inferir o quanto o aparelho institucional assim criado é extremamente complexo. Interpõem-se iniciativas públicas federais, estaduais, municipais e iniciativas privadas, que funcionam de forma isolada, fragmentada e paralela.

A aparelho institucional assistencial se comporta como o submundo do Estado e atua de forma a abafar e ocultar a exclusão.

A nível do senso comum os técnicos interpretam estas instituições e programas como os "sacos de lixo" onde as demais instituições depositam "o que não querem" ou "não podem resolver". Nesta interpretação está contida a denúncia de uma irracionalidade e não a leitura de que a *assistência social pública expressa a face oculta do capitalismo.*

Observa-se neste processo a complexificação das organizações públicas: a cada momento que o Estado reconhece

---

3. *Proposta Nacional de Assistência Social,* Carlos Antonio de Souza Dantas, secretário de Assistência Social/MPAS. Rio de Janeiro: Serviço Público Federal, 15/10/1984. (Mimeo.)

ASSISTÊNCIA NA TRAJETÓRIA DAS POLÍTICAS SOCIAIS BRASILEIRAS 121

uma função social ele cria organizações burocráticas permanentes para cuidar destes problemas.

O casuísmo político é o determinante da "racionalidade" da distribuição de recursos e funções entre os diversos órgãos públicos. Inexiste uma proposta ou uma política mais ampla de prestação de serviços que explicite competências e recursos dos três níveis de governo: federal, estadual e municipal. Nesta indefinição permanece escamoteada a natureza da inserção de iniciativa privada nesta área. A tal ponto isto ocorre, que muitas vezes se identificam iniciativas particulares e oficiais na medida em que convênios e contratos de serviços vinculam mutuamente ação pública e privada.

A esta indefinição e desarticulação há uma tendência das instituições responderem com uma crescente busca de autonomia e isolamento, refragmentando seus recursos para dar conta das várias carências apresentadas pelos excluídos.

Outra questão fundamental aqui, a ser repetida, é a de que essa indefinição de competências é uma estratégia que perpetua a tutela, porque ela própria impede aos excluídos o conhecimento dos serviços produzidos e o consequente direito de acesso aos mesmos.

O crescimento das ações na direção de direitos implicaria a explícita atribuição dos órgãos para que as demandas tivessem a clareza do que reivindicar, gerenciar e exigir.

Os órgãos para prestação de serviços assistenciais terminam sendo ao mesmo tempo o espaço onde tudo e nada pode caber. Com isto, se reforça a característica de desenvolver ações emergenciais, se reforçam experiências-piloto, cuja continuidade ou extensão ficam sempre a aguardar a clara atribuição de competências e consequente extensão de recursos.

Dadas estas características, os órgãos assistenciais terminam gerando propostas ilusórias: um conjunto de ideários expresso nos planos de ação da instituição. Através destes planos manifestam a intenção de atender às "reais necessidades sentidas" pelos grupos populares. No entanto, a escassez de instrumentos e recursos reduz a execução desses planos a experiências-piloto, carregadas de qualidade, mas sem expressão quantitativa. Provoca, ainda, a elegibilidade de alguns "indivíduos" no conjunto demandatário, transformando-os em assistidos privilegiados. Assim é reiterada a estratégia de não consolidação das práticas como políticas.

A Secretaria de Assistência Social (SAS), em nível federal, não foge à regra, nem por ter a Legião Brasileira de Assistência, órgão em geral sob jurisdição (direta ou indireta) da primeira dama do país, como o grande executor dos serviços de assistência.

A partir da análise do funcionamento da SAS o último governo apresentou uma proposta para o estabelecimento de uma política nacional de assistência social.[4]

---

4. Documento citado na nota anterior, no qual o secretário da SAS apresenta ao ministro do MPAS a proposta de organização do Sistema Nacional de Assistência Social, através da articulação dos três níveis: federal, estadual e local.

A proposta apresentada consiste em fixar as funções normativa e coordenadora a nível federal, através de duas alternativas:

a) Criar um ministro extraordinário para assuntos extraordinários junto à Presidência da República.

b) Reestruturar a SAS dentro do próprio MPAS, a ela subordinando o Conselho Nacional de Serviço Social, hoje no MEC, a gerência do FAS, do Finsocial e a coordenação de um Conselho de Assistência Social composto por presidentes da LBA, Funabem, FCR, Inamps, INPS, Cerne, Sesc, Sesi, Senai, Senac, entre outros. A nível estadual seria criada uma comissão estadual, em ato conjunto da SAS e do governador do estado, que elaborasse o diagnóstico, o levantamento de fontes de custeio, o planejamento e redirecionamento das ações. A nível local ou municipal caberia o levantamento dos "anseios da comunidade" e a mobilização de recursos para assumir o plano geral.

O documento propõe uma reformulação gradativa das entidades vinculadas ao MPAS que atuam no setor de assistência social e a sensibilização dos governan-

ASSISTÊNCIA NA TRAJETÓRIA DAS POLÍTICAS SOCIAIS BRASILEIRAS

Esta proposta tem por diagnóstico: a ausência de regulamentação do subsistema de assistência social dentro do Sistema Nacional de Previdência e Assistência Social (Sinpas); o aguçamento dos problemas sociais brasileiros; a necessidade de alocação dos recursos do FAS e do Finsocial sob tal Secretaria (SAS); e, ainda, a articulação dos níveis estadual e municipal com o federal.

Tal proposição é, porém, mais a tentativa de um posicionamento quanto ao poder gestor da SAS do que a explicitação da orientação da assistência social.

Com isto termina por ser mais uma proposta de definição de níveis de poder, sendo sugerida a vinculação do Finsocial e do FAS à SAS como forma de efetivar seu poder executivo. É claro que se faz necessária a hierarquização do

---

tes quanto aos aspectos políticos e administrativos que essa área representa. Propõe, inclusive, a retomada dos valores humanitários frente à grave situação do Brasil, pois estudos, estatísticas, convênios, acordos, protocolos de intenções a nível nacional e internacional têm sido "assinados e muitos ficam nas ideias e na boa disposição de seus signatários". Faz referência a estudos existentes sobre os grupos mais vulneráveis da população como: criança, idoso, nutriz e excepcional. Ressalta a questão da alimentação e suas consequências para a formação da criança. Tece um quadro situacional da população brasileira mostrando sua vulnerabilidade: 50% têm menos de vinte anos; as profundas disparidades econômico-sociais regionais; concentração urbana; e a repercussão nacional dos problemas da população periférica das áreas metropolitanas. Usando como fonte de informação o PNAD-1982, estimam que: 63,6% da população brasileira estão em provável dependência social (menores de dez anos, 25,8%); maiores de dez anos não ocupados, 33,1%; maiores de sessenta anos não economicamente ativos, 48%.

Embora este grave quadro seja definido, as propostas de revisão da SAS se apresentam como simples racionalização sistêmica. O sistemismo acentua o fenômeno da organização, do planejamento racionalização das funções, das ações e das decisões. A superação proposta da política nacional de assistência não passa, pois, de um avanço reformista de cunho administrativo, não foge da análise anteriormente feita em 1975, onde os auxílios eram prestados aos carentes. Os agravantes ocorridos na década (1974-84) não são analisados como indicativo de uma mudança política e não só de gerência.

poder governamental, mas sobre uma efetiva proposta política que não reitere os órgãos de assistência (já que são necessários) como meros geradores de "trato desigual" aos desiguais.

A Fundação Legião Brasileira de Assistência, criada em 1942 por Darcy Vargas, compõe também o Sistema Nacional de Previdência e Assistência Social (Sinpas), e foi transformada em fundação em 1969. Em seu estatuto atual, aprovado pelo Decreto-lei n. 83.148, de 8/2/1979, é estabelecido como sua finalidade primordial:

"promover, mediante o estudo do problema e o planejamento de soluções, a implantação e execução da Política Nacional de Assistência Social, bem como orientar; coordenar e supervisionar outras entidades executoras dessa política".[5]

A LBA, de acordo com a Portaria n. 2.230, de 21/8/1980, do MPAS, é estruturada através de três grandes secretarias: a de Assistência e Bem-Estar Social, a de Administração e Finanças e a de Planejamento e Projetos Especiais.

Sua programação envolve assistência ao menor (creches-casulo, Projeto Elo, colônia de férias); assistência social complementar (destinada a adquirir material escolar, uniformes etc., à criança); assistência social geral (atividades

---

5. Elementos extraídos do *Relatório Geral de 1984 da LBA*, publicação interna. Na fala de apresentação a presidente assim se expressa: "Hoje, o trabalho de assistência social realizado pela instituição assenta e busca, com a autodeterminação e participação das bases comunitárias, a melhoria das condições de vida do homem e de seu ambiente desenvolvendo programas voltados para a satisfação de suas necessidades básicas". De acordo com o mesmo relatório a LBA, quando criada em 1942, propunha-se a "congregar brasileiros de boa vontade para promover, por todas as formas, serviços de assistência social, prestados diretamente ou em colaboração com o poder público e as entidades privadas".

socioeducativas com famílias e grupos comunitários); educação para o trabalho (formação de mão de obra); legalização do homem brasileiro (fornecimento de documentos); atenção primária à saúde (ações de saúde, complementação alimentar e distribuição de leite); assistência aos excepcionais; assistência aos idosos e o Programa Nacional de Voluntários (Pronav-LBA).

Uma das formas de caracterizar o atendimento aos excluídos, como grupos minoritários, é a criação de uma multiplicidade de programas e órgãos que utilizam formas diferenciais e parcelares de atendimento.

A fragmentação expressa pela setorização e compartimentação das ações públicas é característica presente em todo o campo de ação estatal brasileiro. Como Pedro Luiz Barros Silva analisa, esta fragmentação tem sua explicação mais geral no fato de que as frações dominantes que compõem o bloco no poder mantêm lógicas diferenciadas relativas à ação do próprio Estado, e assim a

> "hegemonia no interior deste bloco é sempre problemática acabando por determinar um aparelho estatal estruturalmente segmentado, onde o conflito e a competição ocorrem intensamente" (Silva, 1984, p. 10-1).

A característica de fragmentação é acompanhada pela de autonomia relativa de cada setor de ação governamental em relação aos demais e em relação à sociedade.

> "Os aparelhos estatais encontram-se, na verdade, segmentados, compartimentalizados, atuando de maneira competitiva e sempre tentando transcender suas jurisdições com o objetivo de expandir suas áreas de influência, transformando-se; em importantes arenas de negociação das decisões cotidianas

das políticas que implementam, em permanente articulação com os interesses também fragmentados das organizações societais. E isso tudo, na maior parte das vezes, com um baixo grau de controle, tanto por parte da coalizão política que governa quanto da sociedade em geral" (Silva, 1984, p. 10).

No caso específico do complexo de organizações públicas destinado a operar a política de assistência social esta fragmentação corresponde também, estrategicamente, à possibilidade de apresentar os usuários desta política como grupos minoritários da sociedade.

Outro traço é a excludência da presença dos interessados nas decisões desses órgãos, possivelmente sob a justificativa de que os grupos mais vulneráveis não são organizados enquanto tais.[6]

Estes traços não permitem a universalização e diferenciação necessária à distribuição de serviços.

Ao lado deste pesado e desarticulado aparato estatal, há um progressivo repasse na execução dos serviços sociais a entidades privadas. No campo assistencial esta diretriz se faz inclusive como estratégia de capitalização dos esforços naturais de solidariedade social exercidos pelas organizações da sociedade civil.

Os organismos estatais, ao se responsabilizarem pelas ações de "promoção social", não negarão, em absoluto, os esforços de filantropia e solidariedade da sociedade. Pelo contrário, até hoje a ação estatal no campo da assistência social pública se dilui entre o aparato próprio e o chamado conveniado, ou indireto. Valorizar as iniciativas da comuni-

---

6. Embora hoje já se tenham Associações de Ex-Alunos da Febem, Associação de Defesa ao Cego, ao Paraplégico etc., mas estes dificilmente têm assento nas mesas de decisão.

dade e a otimização dos recursos existentes torna-se uma orientação técnica. Com isto, esses órgãos governamentais irão desenvolver uma nova face, a de "aparelhos formadores" do ideário do pessoal das obras sociais. Complexifica-se a organização burocrática do trabalho institucional, com setores de treinamento, supervisão e coordenação das entidades sociais. Termina-se por exigir, em alguns casos, a presença do assistente social no quadro da entidade, para que esses convênios se ultimem.

Com isto busca-se o "enquadramento" da entidade social nas prioridades governamentais. O que termina, para a entidade, sendo uma ruptura com muitos dos propósitos filantrópicos espiritualistas pelos quais foi criada, e que unificam as intenções do grupo de pessoas que a mantém. Para o serviço público, muitas vezes o gesto filantrópico presente nesta rede acaba por consagrar a tutela, a benevolência e o assistencialismo como postura de ajuda. Conforme Lea Leal,

> "conta a LBA com um *valioso patrimônio* operacional, representado pelo apoio constante de *6.000 entidades sociais brasileiras* com quem mantém convênios, pela presença dominante de um sistema atuando com *8.000* servidores e cerca de *2.000 equipamentos sociais próprios* espalhados por todo o país. Esta *vasta rede* de entidades associadas, centros, núcleos e postos próprios de atendimento social encontra-se junto com o *contingente* voluntário inteiramente mobilizado na execução daqueles *diversificados serviços sociais que a instituição oferece à população brasíleira carente*" (LBA, 1984, p. 2; grifos nossos).

Como se pode perceber, não se faz a diferenciação entre o assumir governamental e as iniciativas particulares, de modo que ambas são enquadradas como um mesmo patrimônio.

O caráter deste vínculo se expressa ainda nos conselhos de auxílios, subvenções, isenções a entidades existentes nos três níveis de poder, federal, estadual e municipal.[7] A proposta de uma política nacional de assistência, já assinalada anteriormente, faz menção à

"necessidade de reformulação dos projetos e programas das entidades sociais, à modificação de sua forma de atuação, o incentivo ao desenvolvimento das atividades em âmbito estadual e municipal, resguardando-se para as instituições federais o poder decisório, normativo, supervisor, controlador e orientador da Política Nacional de Assistência Social [...]. O estabelecimento das atividades prioritárias e da seleção das entidades que melhor as executam é também um dos objetivos desta política, de forma que não haja superposição de atividades e não ocorra pulverização de recursos".[8]

Há uma forte dependência econômico-financeira destas entidades em relação ao poder público. São raras as entidades nesta área que possuem um suporte financeiro próprio que lhes permita autossustentar os serviços que realizam.

As entidades sociais assistenciais não raro mantêm convênios ou recebem subvenções das três esferas de governo para realizar um mesmo serviço. Há uma certa conivência e complacência das três esferas diante desta irracionalidade, seja pela indefinição de competências, seja pelo fato de que estão cônscias de que os recursos financeiros que destinam estão aquém do custo real dos serviços conveniados e, via de

---

7. O estudo do funcionamento desses conselhos e o direcionamento de verbas ao longo do tempo estão também a merecer atenção. É de se notar que, a nível federal, este Conselho está subordinado ao MEC.

8. Trechos da proposta de Política Nacional de Assistência Social.

regra, são repassados com atraso. Em consequência, a relação que se desenvolve entre ambos, instituição pública e entidade privada, é quase sempre permeada por processos de manipulação, favoritismo e ausência de cobranças de qualidade. A realimentação técnica e o controle do padrão dos serviços prestados pelas entidades particulares sofrem um processo de descaracterização e anomia. Seja porque o Estado é "mau pagador" (e então precisa ser complacente), seja porque a interveniência de três orientações por vezes conflitivas (municipal, estadual e federal) garantem à entidade particular uma condição de manipulação e descompromisso com relação às exigências qualitativas, restando apenas a obrigatoriedade de cumprimento das exigências burocráticas. Com isto, não se garantem alterações qualitativas no atendimento.

Em consequência, as ações assistenciais reduzem-se a um conjunto de providências e ajudas parciais que terminam por prestar um atendimento paliativo ou mesmo a destinar uma "esmola" justificada pela impotência da instituição em lidar de forma consequente com a pobreza.

Através de subvenções ou convênios são repassados às entidades sociais privadas a execução de programas assistenciais e de serviços de infraestrutura social (creches, asilos, centros de formação de mão de obra, centros de reabilitação). Com isto o Estado descaracteriza tais funções como de sua responsabilidade.[9]

Há uma tendência de ruptura deste padrão, percebida na cidade de São Paulo, por efeito das pressões de usuários

---

9. Este é outro estudo a ser realizado, no sentido de verificar tratar-se ou não esta afirmação de casuísmo isolado e quiçá já superado. Por que os conselhos de subvenção não são geridos pelos órgãos técnicos mas pelos gabinetes governamentais?

quanto à qualidade dos serviços, impulsionando o avanço da união das entidades filantrópicas e a mobilização destas para reivindicar ao poder público recursos compatíveis a um desempenho mais satisfatório.

Neste quadro fragmentado, desarticulado, onde não, se expressam claramente a atribuição estatal e a participação da iniciativa privada há ainda outro agravante: a burocratização.

A definição destes serviços como não exigindo a "contraprestação direta dos assistidos" termina por acarretar um aparato comprobatório de despesas, auxílios etc., para que não configurem a chamada "dilapidação do patrimônio público".

Com isto, a burocracia contábil estabelece limites reais à criatividade e elasticidade no uso de recursos, processos e instrumentos de ação, pressionando por um reducionismo do atendimento assistencial à ajudas parciais e fragmentadas.

Novas propostas de trabalho são fatalmente enquadradas em formas de desembolso já aprovadas pelos Tribunais de Contas governamentais, reduzindo, assim, a introdução de novas formas de operação. Há um desestímulo e descrédito a qualquer iniciativa ou política de articulação e integração de recursos.

Há de fato uma insuficiência de serviços sociais básicos que desestimula o profissional na busca de acionar e articular recursos e serviços. Mas há, ao mesmo tempo, um não aproveitamento e desperdício de recursos na medida mesmo em que não se mobilizam, articulam e otimizam os recursos e serviços existentes.

A inércia ao nível dessa ação prende-se também à cristalização do isolamento e individualismo presentes no desempenho dos vários serviços. Em decorrência, assolam os processos competitivos entre um serviço e outro, os preconceitos e estereótipos, a desconfiança e a desinformação, solapando qualquer tentativa de articulação e maximização do uso de serviços disponíveis.

Dado o já referido isolamento em que se encontram os programas sociais ocorre uma tendência a um esgotamento prematuro. Isto é, eles se esgotam nas ajudas parciais e provisórias, reproduzindo-se de forma mecânica e linear a cada retorno dos assistidos.

O aparato burocrático estatal, que efetiva os programas governamentais caracterizados como assistenciais, é marcado pelo autoritarismo próprio à administração pública brasileira.

Não tem como traço a presença de mecanismos decisórios que envolvam formas de poder regional e local a nível das próprias esferas governamentais e, muito menos, dos segmentos da população interessada.

2. A assistência como despesa pública

Para a análise da assistência como ação governamental, não basta atentar para o funcionamento do conglomerado de programas e organizações estatais existentes para operar as políticas de assistência, social pública.

É necessário investigar e refletir sobre os recursos financeiros alocados para custeio e investimento nesta área.

Tais recursos têm sua origem nas dotações orçamentárias da União e, outra parte, nos fundos sociais criados para dar cobertura a todos os serviços de infraestrutura social.

O modo complexo e centralizante de operar os programas sociais e assistenciais desenvolve uma lógica de estruturação de recursos financeiros nesta área bastante fragmentária e obscura.

Fragmentária porque os recursos orçamentários próprios para a assistência permanecem diluídos em diferentes órgãos federais. Obscura porque muitos recursos, embora aplicados sob a forma de assistência, não aparecem explicitamente enquanto tal. Obscura, ainda, porque a operação dos recursos financeiros dos fundos não é particularizada nos balanços gerais da União.

Existem muitas dificuldades, portanto, para se processar tal análise, entre elas a mudança de critérios classificatórios das despesas e do agrupamento dos dados.[10]

Os recursos financeiros provindos do Tesouro para a função assistência e previdência são indicados no item 15 da dotação orçamentária federal.

Esta é a "face visível" dos gastos dispendidos em assistência. A face "invisível" é aquela embutida na execução pragmática das várias políticas de corte social. Neste campo os recursos financeiros para assistência se diluem.

Só é possível a verificação dessa destinação, se se proceder ao exame de programa por programa e do desempenho financeiro dos vários fundos sociais; e, até mesmo, dos serviços assistenciais prestados no interior dos órgãos públicos e empresas estatais, de forma explícita ou não como despesa nessa área.

---

10. Os gastos governamentais em programas de bem-estar social são classificados por O'Connor como gastos *de* capital social e dizem respeito aos gastos do Estado exigidos pela acumulação privada do capital. Estes gastos dividem-se em inversão social e consumo social. Como inversão se incluem os projetos e serviços destinados a aumentar a produtividade de uma dada quantidade de trabalho. Como consumo social estão os gastos com projetos e serviços exigidos para conservar a harmonia social e a função legitimadora do Estado. Ver a respeito Cignoli (1985).

ASSISTÊNCIA NA TRAJETÓRIA DAS POLÍTICAS SOCIAIS BRASILEIRAS

A complexidade que envolve a coleta de dados sobre as despesas governamentais com a assistência social não permitiu, para fins deste estudo, avançar além da indicação de certas tendências gerais observadas no período 1981-83 e 1985.[11]

A análise dos recursos de dotação orçamentária da União visíveis através de seus balanços gerais permitiu constatar um contínuo decréscimo dos gastos públicos na função da assistência. Ou seja, registra-se uma queda de 8% entre 1982-81 e 11% entre 1983-82.

Este dado é de fundamental relevância pois que os anos analisados são aqueles de mais forte recessão, com o consequente exacerbamento da pauperização do povo brasileiro. O Estado, a nível federal, realiza neste período movimento oposto, ou seja, de redução dos gastos públicos na área de assistência.[12]

Esta tendência é geral para América Latina, decorrente da drástica redução das despesas efetuadas como consequência do aprofundamento da dívida pública, e da adoção de políticas recessivas impostas nos acordos com o Fundo Monetário Internacional.

Os gastos *per capita* com os setores sociais, considerados em moeda corrente a preços de 1978, caíram de 10.811 em 1980 para 6.267 em 1982 na Argentina, de 2.707 em 1980 para

---

11. Registra-se, aqui, a importância de pesquisas específicas de corte mais detalhado e profundo dos gastos públicos na área da assistência social.

12. Observa-se que Carlos O. Afonso e Herbert de Souza desenvolveram pesquisa sobre os gastos públicos usando a metodologia de J. O'Connor (1977) e concluíram que a análise do total de recursos para o bem-estar e para a repressão permitem verificar que no período de 1950-75 o Estado se despreocupou com as políticas de legitimação substituindo-as pelas de repressão. Ver, a respeito, Afonso e Souza (1977).

1.484 em 1982 na Costa Rica, obtendo um ligeiro declínio no Brasil onde em 1979 apresentaram 877 e em 1982 foram para 867 (Castro, In: Teixeira, 1984).

No caso brasileiro, esta redução fica evidente nas tabelas aqui construídas referentes ao balanço geral da União e à previsão orçamentária.

A Tabela 1 mostra que os gastos dispendidos exclusivamente na função assistência passaram a ter neste período uma participação ainda menor da que já detinham, ou seja, as despesas com assistência em 1981 representam apenas 1,05%, decrescendo ainda nos anos seguintes: 1982 (0,96%), 1983 (0,70%).

TABELA 1

Despesa da União realizada por Programa de Trabalho referente à função assistência e previdência — 1981-1983 (Cr$ milhões de 1983)

Discriminação	1981	1982	1983
1. Função assistência e previdência	1.679.563	1.552.802	1.396.193
1.1. Programa assistência	17.641	14.977	8.826
1.1.1 . Administração geral	107	114	90
1.1.2. Assistência financeira	4.825	5.137	3.531
1.1.3. Serviços funerários	240	250	221
1.1.4. Assistência médico-sanitária	50	54	51
1.1.5. Assistência ao menor	276	32	240
1.1.6. Assistência ao silvícola	5.645	2.904	1.444
1.1,.7. Assistência social geral	3.155	3.579	2.848
1.1.8. Assistência comunitária	3.343	2.907	1.401
Participação percentual dos itens 1. e 1.1	1,05	0,96	0,70

Fonte: Balanços Gerais da União — 1981/1982/1983.
Preparado por Sara Lia Werdesheim — CRE 11.935.

ASSISTÊNCIA NA TRAJETÓRIA DAS POLÍTICAS SOCIAIS BRASILEIRAS 135

Outra fonte de informação sobre os investimentos é o orçamento da União para 1985, apresentado na Tabela 2, onde se nota a participação dos órgãos da administração direta federal na função assistência e previdência.

TABELA 2
Participação dos órgãos da administração direta federal na função assistência e previdência
— 1985 (Cr$ 1.000)

Órgão	Função assistência e previdência		Total geral	
	Valor absoluto	%	Valor absoluto	% sobre ass. e prev.
1. Poder Legislativo	33.880.900	0,4	433.023.100	7,8
2. Poder Judiciário	68.956.060	0,9	349.823.100	19,7
3. Poder Executivo	3.330.009.257	44,6	37.323.426.157	8,9
3.1. Presidência da República	8.668.700	0,1	914.560.300	0,9
3.2. M. Aeronáutica	460.000	0,0	3.177.449.500	0,0
3.3. M. Agricultura	6.063.619	0,1	2.212.258.438	0,3
3.4. M. Comunicações	140.100	0,0	585.664.900	0,0
3.5. M. Ed. e Cultura	147.452.700	2,0	5.452.041.700	2,7
3.6. M. Exército	3.687.938	0,0	2.123.300.538	0,1
3.7. M. Fazenda	709.000	0,0	597.273.000	1,2
3.8. M. Ind. e Com.	22.585.132	0,3	763.433.015	2,9
3.9. M. Interior	66.569.000	0,9	942.356.900	7,1
3.10. M. Justiça	186.000	0,0	192.919.500	0,0
3.11. M. Marinha	4.821.755	0,1	1.899.632.600	0,0
3.12. M. Minas e Energia	500.000	0,0	629.547.800	0,0
3.13. M. Prev. e Ass. Social	2.980.861.163	39,9	2.980.861.163	100,0
3.14. M. Rel. Exteriores	—	—	687.370.000	0,0
3.15. M. Saúde	10.413.350	0,2	1.777.908.602	0,6
3.16. M. Trabalho	120.000	0,0	241.426.901	0,0
3.17. M. Transportes	76.770.800	1,0	12.145.421.300	0,6
4. Enc. Gerais da União	16.082.600	0,2	7.095.988.900	—
5. Transf. Est., DF, Mun.	362.347.030	4,9	19.393.229.120	—
6. Enc. de Prev. da União	3.656.139.123	49,0	3.656.139.123	—
7. Enc. Financeiros	—	—	9.698.414.500	—
8. Reserva contingência	—	—	10.921.971.000	—
Total	7.467.414.970	100,0	88.872.115.000	8,4

Fonte: Orçamento da União, 1985.
Preparado por Sara Lia Werdesheim — CRE 11.935.

A análise da previsão orçamentária (Tabela 2) suscita alguns comentários.

Pode-se verificar que a função assistência encontra-se diluída em todos os ministérios, com exceção do Ministério das Relações Exteriores, dada a sua natureza.

Contudo, os recursos concentram-se no Ministério da Previdência e Assistência Social, principal aparato federal para a produção dos serviços assistenciais.

Do montante do orçamento geral da União, 8,4% correspondem à intenção de despesa do ano de 1985 com a função assistência e previdência social. Porém, deste montante de despesa programada somente 0,7% são previstos exclusivamente para a assistência, conforme mostra a Tabela 3.

Este percentual coincide com os gastos públicos reais e efetuados em 1983 (ver Tabela 1).

É importante salientar também que estes 0,7% correspondem a 0,06% do orçamento total da União, percentual este irrisório para dar conta da assistência social num país com cerca de 50 milhões de habitantes em condição de pauperização crescente.

A Tabela 3 discrimina os subprogramas de assistência previstos para 1985.

Esta tabela nos mostra os limites da "face visível" dos gastos com a assistência propostos nos orçamentos da União para 1985, sua fragmentação e pulverização. As despesas com a assistência não se mostram evidentes, portanto, nem a nível dos balanços gerais, nem na previsão orçamentária. Confirma esta constatação o elenco de programas sociais mantidos primordialmente pelos fundos sociais, que não são computados em tais despesas.

ASSISTÊNCIA NA TRAJETÓRIA DAS POLÍTICAS SOCIAIS BRASILEIRAS

TABELA 3

Discriminação da função assistência e previdência por principais programas e subprogramas de assistência — 1985 (Cr$ 1.000)

Função programa e subprogramas	Recursos	
	Valor absoluto	%
Assistência e Previdência	7.467.414.970	100,0
Assistência	56.225.756	0,7
Administração geral	981.050	1,8
Assistência financeira	12.078.000	21,5
Serviços funerários	1.498.106	2,6
Assistência médica e sanitária	156.357	0,3
Saúde materno-infantil	536.879	1,0
Assistência ao menor	1.952.628	3,4
Assistência ao silvícola	29.360.000	52,2
Assistência social geral	9.662.736	17,1

Fonte: Orçamento da União para 1985.
Preparado por Sara Lia Werdesheim — CRE 11.935.

Dos 96 programas sociais mantidos pela União, foram arrolados neste estudo apenas 29, ou sejam, os destinados às populações urbanas e com caráter assistencial mais evidente. Estes dados compõem o Quadro II.

A leitura dos programas sociais criados no período, ou mesmo das alterações programáticas efetivadas, demonstra um avanço da assistência no sentido de responder às demandas sociais e pressões populares.

Há sem dúvida um rompimento com o imobilismo em que se manteve esta área em décadas anteriores.

Programas sociais do tipo urbanização de favelas, Profilurb, Pra morar, expansão da rede de creches, passe-desemprego etc., só ocorrem nos últimos quatro anos. As alterações programáticas ocorridas, por exemplo, em nível do Mobral, hoje voltado também ao atendimento do pré-escolar; a nível do Projeto Rondon, hoje voltado também

QUADRO II

Arrolamento dos programas sociais mantidos pela União nas regiões urbanas do Brasil

Programa	Área de atuação	Ano de criação	Objetivo	População alvo*	Fonte de recursos
1. Programa de ações de saúde	Assistência nutricional	1979	Assistência médica e social ao grupo materno-infantil e atendimento a comunidades sob a forma de palestras e educação sanitária.	Carente 1983 — 6.500.000 pessoas	LBA (FPAS, FAS, doações e convênios)
2. Programa de assistência aos excepcionais	Assistência aos deficientes	1978	Reabilitar portadores de doenças físicas, mentais, sensoriais, congênitas ou adquiridas e prevenção de deficiências do excepcional.	Carente com defeitos físicos e mentais 1983 — 487.000 pessoas	LBA (FPAS, FAS, doações e convênios)
3. Programa de assistência aos idosos	Assistência aos idosos	1974	Prevenir contra a marginalização do idoso.	Carente a partir dos 60 anos	LBA (FPAS, FAS, doações e convênios)
4. Programa de assistência jurídica	Assistência jurídica	1974	Extensão de igualdade jurídica às pessoas menos favorecidas.	Carente	LBA (FPAS, FAS, doações e convênios)
5. Programa de assistência complementar	a) Assistência social geral b) e ao menor	a) 1981 b) 1977	a) Prestar ajuda direta para as famílias carentes. b) Prestar ajuda direta aos menores, à família e à comunidade.	Famílias carentes 1982 — 905.198 pessoas Carentes (crianças e adultos)	LBA (FPAS, FAS, doações e convênios)

Programa	Área de atuação	Ano de criação	Objetivo	População alvo*	Fonte de recursos
6. Programa de atendimento básico à família	Assistência social geral	1977	Atender às dificuldades econômico-sociais imediatas e promoção social das famílias de baixa renda.	Famílias de baixa renda 1982 — 266.571 pessoas	LBA (FPAS, FAS, doações e convênios)
7. Programa de atendimento comunitário	Assistência social geral	1977	Desenvolver atividades grupais em regime de mutirão a fim de melhorar a qualidade de vida comunitária das zonas periféricas.	Carente-periferia 1982 — 328.475 pessoas	LBA (FPAS, FAS, doações e convênios)
8. Programa de distribuição de leite em pó	Assistência nutricional e à saúde	1977	Prevenir a desnutrição infantil e/ou suplementar as deficiências nutritivas.	Crianças, gestantes e nutrizes 1983 — 250.000 pessoas	LBA (FPAS, FAS, doações e convênios)
9. Programa nacional de creches	Assistência ao menor	1979	Proporcionar ao pré-escolar carente desenvolvimento biopsicossocial.	Crianças carentes de 0 à 6 anos cujas mães trabalham fora do lar 1983 — 997.000 pessoas	LBA (FPAS, FAS, doações, convênios e Finsocial)
10. Programa nacional de centros sociais urbanos	Assistência social geral	1975	Promover o desenvolvimento comunitário.	Carentes urbanos	Tesouros: federal, estadual e municipal; CEF
11. Programa de colônia de férias	Assistência ao menor	1978	Oferecer às crianças no período de férias atenções básicas à saúde, educação; segurança social e afetiva paralelamente às atividades recreativas e esportivas.	Menores carentes de 5 a 14 anos 1983 — 250.520 crianças	LBA (FPAS, FAS, doações e convênios)

QUADRO II - continua ▶

Programa	Área de atuação	Ano de criação	Objetivo	População alvo*	Fonte de recursos
12. Domingos comunitários	Assistência social geral	1981	Propiciar às famílias de baixa renda atividades sociais e recreativas em fins de semana.	Comunidade de baixa renda 1982 — 108.000 pessoas	LBA (FPAS, FAS, doações e convênios)
13. Projeto ELO	Assistência ao menor	1979	Prevenir a marginalização do menor escolar carente.	Menores carentes de 7 a 18 anos 1983 — 150.000 pessoas	LBA (FPAS, FAS, doações e convênios)
14. Registro civil	Legalização do homem brasileiro	1974	Legalizar a situação da população carente quanto ao registro civil.	População carente 1982 — 1.347.890 pessoas	LBA (FPAS, FAS, doações e convênios)
15. Programa nacional de alimentação escolar	Assistência ao menor	1955	Melhorar as condições nutricionais e a capacidade de aprendizagem.	Pré-escolares e escolares de 1º grau da rede oficial 1983 — 17,1 milhões de crianças	Tesouro, salário-educação, FAS e Finsocial
16. Programa de nutrição em saúde	Assistência ao menor	1975	suplementação alimentar	Gestantes, nutrizes e crianças de 6 meses a 6 anos (renda mensal de até 2 salários mínimos) 1983 — 3.691.602 pessoas	Tesouro, Finsocial, PIN, Operações de Crédito externo e FAS

Programa	Área de atuação	Ano de criação	Objetivo	População alvo*	Fonte de recursos
17. Programa nacional de aleitamento materno	Alimentação e nutrição	1981	Estimular o aleitamento materno, visando a redução da morbi-mortalidade	Profissionais da área de saúde e afins; nutrizes gestantes e população em geral	Tesouro
18. Programa de nutrição em saúde	Alimentação e nutrição	1975	Atender a população materno-infantil através de suplementação alimentar	Nutrizes e crianças de 6 meses a 6 anos de idade	Tesouro, Finsocial, PIN, Operações de crédito externo e FAS
19. Programa de ações socioeducativas e culturais para populações carentes urbanas	Educação	1980	Promover a ação integrada dos órgãos de educação e cultura com os programas no campo social	População carente urbana das regiões metropolitanas e cidades de porte médio, independentemente da faixa etária e grau de escolaridade	Tesouro ordinário e salário-educação/quota federal
20. Programa nacional de educação pré-escolar	Educação	1981	Estimular os sistemas de ensino a desenvolver a educação pré-escolar, oferecendo cooperação técnica e recursos	Crianças de 4 a 6 anos com prioridade para periferias urbanas	INAM, orçamento União, Mobral, Finsocial, SES, Estados e Municípios
21. Projeto Vencer (alfabetização)	Educação	1984	Elevar o índice de eficiência do ensino nas classes de alfabetização	Crianças de 7 a 14 anos não alfabetizadas	MEC (BIRD/BID e Finsocial QE/SE

QUADRO II - continua ▶

Programa	Área de atuação	Ano de criação	Objetivo	População alvo*	Fonte de recursos
22. Programas centrais de materiais de construção (incluído no Planhap)	Habitação	1982	Financiar a aquisição de materiais de construção para pessoas físicas	Famílias com renda de até 6 salários mínimos	SFH (FGTS, retorno de financiamento e outros)
23. Programa de Erradicação da Sub-Habitação (incluído Promorar)	Habitação	1979	Financiamento da urbanização de conjuntos de sub-habitação	População de baixa renda (até 6 salários mínimos)	SFH (FGTS, retorno de financiamento e outros), Finsocial e recursos estaduais e municipais
24. Programa de Financiamento de construção, aquisição ou melhoria da habitação de interesse social — Ficam	Habitação	1981	Financiar a construção/aquisição de habitações em terrenos próprios	População de baixa renda (até 6 salários mínimos)	SFH (FGTS)
25. Programa de financiamento de lotes urbanizados — Profilurb	Habitação	1975	Financiar a aquisição e/ou urbanização de áreas não ocupadas e sua comercialização	—	SFH (FGTS, retorno de financiamento e outros)
26. Programas Companhias de Habitação — Cohabs	Habitação	1964	Financiar a produção e comercialização de conjuntos habitacionais a faixas de interesse social	Famílias de baixa renda	SFH (FGTS, retorno de financiamento e outros)

Programa	Área de atuação	Ano de criação	Objetivo	População alvo*	Fonte de recursos
27. Programa nacional de habitação para o trabalhador sindicalizado de baixa renda — Prosindi	Habitação	1980	Execução/aquisição/construção e recuperação de habitações pelos trabalhadores sindicalizados	Trabalhadores sindicalizados com renda familiar de até 6 salários mínimos	BNH
28. Programa de assistência farmacêutica	Saúde	1975	Manter um sistema de aquisição e distribuição de medicamentos	Toda população que utilize a rede oficial de saúde	Tesouro, convênio com entidades oficiais de assistência à saúde e Finsocial
29. Programa nacional de desenvolvimento ao artesanato	Trabalho	1977	Orientar a atividade artesanal no que tange à formação de mão de obra	Artesãos que trabalham manualmente, usando matéria-prima regional e que não produzam em série	Tesouro e FAS
30. Sistema Nacional de Emprego — Sine	Trabalho	1975	Organizar/implantar/identificar/prestar informações sobre mercado consumidor de mão de obra	Desempregado	Tesouro, FAS, Fundo de Assistência ao Desempregado e Fundo de Desenvolvimento de Áreas Estratégicas

Fonte: Informações sobre Programas Sociais — IPEA — IPLAN — 1984.
* Informação relativa ao número de pessoas atendidas apresentada apenas para alguns programas.

às populações urbanas; em nível da Funabem e Febem, hoje voltadas também para programas de prevenção à marginalização do menor atestam igualmente este avanço no sentido de atender às necessidades das classes subalternizadas.

Mas há que se relacionar tais avanços e os recursos efetivamente postos à disposição para a implantação destes programas.

A redução dos gastos públicos provenientes de dotação orçamentária da União, já comentados, permitem tão somente compreender que o Estado, para fazer frente às novas demandas sociais, usa de mecanismos de pulverização dos poucos recursos da assistência e, não, da alocação de novos recursos.

Revelam ainda que tais alterações programáticas indicam uma descontinuidade dos investimentos públicos, não por uma análise de eficácia de um programa em detrimento do outro, mas por uma necessidade de dar conta de gerir as pressões populares.

As instituições públicas parecem se readequar, diluindo seus recursos em novas modalidades programáticas de modo a responder a demandas emergentes que pressionam por ações do poder público.

Aparentemente pode sugerir que cada esfera de poder tenha plenas condições de executar as proposições que lhes pareçam convenientes. Contudo, a precariedade de recursos financeiros orçamentários próprios terminam colocando as áreas estaduais e, principalmente, as municipais, à mercê dos financiamentos federais. Com isto, enquadram-se as demandas por recursos financeiros a padrões tecnoburocráticos sem que necessariamente haja uma hierarquia explícita de poder e prioridades.

Cabe ainda retomar o papel dos fundos sociais, na medida em que estes constituem a forma privilegiada de sustentar as políticas sociais. Estes mecanismos, na aparência, procuram viabilizar a extensão dos benefícios aos trabalhadores em geral. São formas alternativas de custeio das políticas sociais que deveriam inclusive estar sendo mais analisadas.[13] Os fundos sociais passam a significar muito mais importante fonte de captação de recursos para a expansão do capital do que, efetivamente, mecanismos redistribuidores de renda e benefícios.

O Quadro III, a seguir, discrimina as principais fontes de recursos (excluídos os recursos de dotação orçamentária) para os programas sociais, assistenciais, ou sejam: Finsocial, FAS, FPAS, FGTS, PIS/Pasep.

Estas outras fontes de financiamento e custeio concentram-se e centralizam-se em nível federal. Com isto reforçam a padronização das ações através da implementação financeira.

Os fundos sociais de financiamento, por serem centralizados, exigem, dos níveis estadual e municipal, o acesso político, além da competência tecnoburocrática para utilizá-los.

O amplo leque que compõe a destinação dos programas de infraestrutura social, por outro lado, fragmenta de tal

---

13. A Unicamp vem procedendo a um estudo sobre o financiamento de políticas sociais. Esta pesquisa, promovida pelo NEPP-Unicamp, com o auxílio da Fundap e Seplan, analisa de um lado o Brasil e, de outro, EUA, França, Itália e Argentina, numa primeira etapa, que se estenderá até 1986 a dez países (EUA, Inglaterra, França, Alemanha e Japão/Itália e Espanha/Brasil, Argentina e México. Tem como período definido 1978-1983. A Unicamp vem procedendo a um estudo sobre o financiamento de políticas sociais. Esta pesquisa, promovida pelo NEPP-Unicamp, com o auxílio da Fundap e Seplan, analisa de um lado o Brasil e, de outro, EUA, França, Itália e Argentina, numa primeira etapa, que se estenderá até 1986 a dez países (EUA, Inglaterra, França, Alemanha e Japão/Itália e Espanha/Brasil, Argentina e México. Tem como período definido 1978-1983.

forma a alocação de recursos que dificulta sobremodo analisar seu grau de eficácia social.

Esta breve análise das dotações dos recursos federais para a assistência permite algumas conclusões. Primeiramente, a presença da irracionalidade, devida à inexistência de orientação e de diretriz geral que norteie a alocação e uso desses recursos.

A dispersão que marca tal distribuição chega a tornar ínfimos os já parcos recursos para a área social. A ausência de uma política unificada de propósitos, entre os próprios órgãos federais e entre as diferentes instâncias de poder, termina por estimular a ação imediatista, do ajuste político, da resolução emergencial. A inexistência de uma clara definição de atribuições e competências das várias instâncias governamentais faz com que serviços semelhantes sejam prestados por diferentes órgãos sob denominações diversas, resultando na superposição e fragilização dos recursos.

Outra conclusão: *esta análise torna evidente a existência frágil e vulnerável dos programas sociais*. Isto é, deixa clara a dificuldade do Estado em garantir a consolidação desses programas. Estes apresentam primordialmente uma face descontínua na medida em que seus recursos declinam ano a ano. Em contrapartida, é preciso *esgotar as disponibilidades institucionais de destinação de serviços* sem o que não se revoluciona um processo institucional, centralizador e excludente que se permite pulverizar casuisticamente serviços.

QUADRO III
Os fundos sociais

Fundo	Criação	Origem do recurso	Gestão	Aplicação
FGTS Fundo de Garantia por Tempo de Serviço	Lei n. 5.107/66	As empresas sujeitas à CLT ficam obrigadas a depositar a importância de 8% da remuneração paga no mês anterior a cada empregado	A gestão do fundo cabe ao BNH, cujos recursos são aplicados com correção monetária e juros	Na aplicação dos recursos do FGTS são incluídos por lei em caráter prioritário, previsões para execução do programa habitacional do BNH. A aplicações são feitas diretamente pelo BNH ou pelos demais órgãos integrantes do SFH
PIS/Pasep PIS — Plano de Integração Social Pasep — Plano de Assistência ao Servidor Público	PIS — 7/9/1970 Lei Complementar n. 7 Pasep — 3/12/1970 Lei Complementar n. 8 Os dois fundos foram unificados pela Lei Complementar n. 26, de 11/9/1975	Os recursos do PIS são constituídos por duas parcelas: 1ª mediante dedução do Imposto de Renda devido pelas empresas, 2ª com recursos próprios das empresas, calculados com base no faturamento	Administrados pelo Banco do Brasil	As diretrizes para aplicação dos recursos são reguladas pelo Decreto-lei n. 74.333, de 30/7/1974, e os recursos desses programas destinam-se preferencialmente a programas especiais de investimento, na seguintes áreas: — produção de insumos básicos; — produção de equipamento básicos.
Finsocial Fundo de Investimento Social	Decreto-lei n. 1.940, de 25/2/1982	Os recursos provêm de 0,5% da renda bruta das empresas públicas e privadas comerciais e das instituições financeiras e 5% do Imposto de Renda devido pelas empresas públicas ou privadas de serviço	A arrecadação é realizada pelo BB e CEF e seus agentes. A administração do Finsocial cabe ao BNDS, que repassa os recursos para os programas e projetos das áreas referidas	Este fundo institui a contribuição social, destinada a custear investimentos de caráter assistencial em alimentação, habitação popular, saúde educação e amparo ao pequeno agricultor.

QUADRO III - continua ▶

▲ QUADRO III - continuação

Fundo	Criação	Origem do recurso	Gestão	Aplicação
FAS Fundo de Desenvolvimento e de Apoio Social	Lei n. 6.168, de 9/12/1974	— renda líquida das loterias esportiva, federal e loto; — orçamentos operacionais da Caixa Econômica Federal; — dotações orçamentárias da União; — outros de origem interna e externa.	A responsabilidade da gestão do FAS coube à CEF — Lei n. 6.168, de 9/12/1974.	Criado com a finalidade de propiciar mecanismos para investimento em áreas de prioridade social definidas pelo Plano de Desenvolvimento. O objetivo seria o de atender áreas carentes da população nos setores sociais vinculados aos M. da Saúde, Prev. e Ass., Trabalho, Interior, Justiça, Educação e Cultura. O seu financiamento destina-se a investimentos fixos, mediante projetos e programas da administração direta e indireta e mesmo privada. As prioridades no nível setorial são definidas pelo Conselho de Desenvolvimento Social.
FPAS Fundo de Previdência e Assistência Social	Decreto-lei n. 83.266, de 12/3/1979, arts. 19 e 20. Fundo de natureza contábil e financeira constituído das receitas das entidades do Sinpas.	Receitas das entidades do Sinpas: contribuições previdenciárias dos segurados e das empresas, inclusive relativas ao seguro de acidentes de trabalho, contribuição da União ao Fundo de Liquidez da Previdência Social; dotações orçamentárias específicas; juros, correção monetária, e outros acréscimos; receitas de prestação de serviços; receitas patrimoniais (doações, legados e subvenções).	Administrado pelo CAF — Conselho de Administração Financeira da Previdência e Assistência Social.	Financiamento das atividades do Sinpas e, neste, as da LBA.

Fonte: Legislações específicas.
Preparado por Sara Lia Werdesheim — CRE 11.935.

À GUISA DE CONCLUSÃO

O rompimento do assistencialismo se vincula diretamente à compreensão dos serviços assistenciais enquanto espaço contraditório que exclui e inclui as classes subalternizadas.

Delinear horizontes para a assistência não significa:
- *a ingenuidade de crer na possibilidade de conciliar a acumulação e a equidade.*
- *nem a edição de um ideário que funde a assistência como direito a partir da expansão de seu "consumo individual".*
- *nem ainda a noção de que a assistência é o horizonte desejável da prática profissional do assistente social, ou de outra categoria profissional.*

No limite, superar o mecanismo assistencial é superar a própria modalidade histórica das políticas sociais brasileiras.

Acumular forças na direção dessa superação implica:
- *desnudar, para os técnicos e usuários, os engodos contidos na atual política e prática da assistência social;*
- *ultrapassar as estratégias de isolamento, a fragmentação e setorização em que se mantêm os serviços sociais;*
- *romper com a dicotomia entre singular e coletivo;*

- *quebrar a resistência dos assistentes sociais em colocar a assistência na pauta do projeto profissional da categoria.*

O avanço das políticas sociais decorre fundamentalmente do projeto político das classes subalternizadas.

O horizonte da constituição coletiva da cidadania supõe a legitimação do poder popular no desenho das políticas sociais.

BIBLIOGRAFIA

ABRAMIDES, Maria Beatriz Costa et al. *Repensando, o trabalho social.* São Paulo: Cortez, 1980.

AFONSO, C.; SOUZA, H. O. *Estado e desenvolvimento capitalista no Brasil.* Rio de Janeiro: Paz e Terra, 1977.

ALBUQUERQUE, J. A. Guilhon de; RIBEIRO, Antonio Elias. *Relações de poder numa agência de saúde na periferia de São Paulo.* Relatório de pesquisa, 1977. (Mimeo.)

ALAYON, Norberto. El asistencialismo en la política social. In: *Acción Crítica,* Celats/Alaets, Lima, n. 1, jul. 1980.

ALVES, Edgar. Política econômica brasileira e seus reflexos sociais. Palestra proferida na PUC-SP, na disciplina de Atuação do Serviço Social, 1983.

AMMANN, Safira Bezerra. *Participação social.* São Paulo: Cortez/Moraes, 1977. In: CONGRESSO DE ASSISTENTES SOCIAIS, 3., Anais..., CRAS/SP, set. 1979.

BALEN, Age D. J. van. *Disciplina e controle da sociedade*: análise do discurso e da prática cotidiana. São Paulo: Cortez, 1983.

BANCO MUNDIAL. *Informe sobre el desarrollo mundial.* São Paulo, 1984.

BARTLETT, Harriett. *A base do Serviço Social.* São Paulo: Pioneira, 1976.

BATTINI, Odária. *O assistente social e o processo decisório*. São Paulo: Cortez, 1981.

BELFIORE, Mariangela et al. Prática assistencial no Brasil. In: *Serviço Social & Sociedade*. São Paulo: Cortez, n. 17, p. 73-89, abr. 1985.

BELLUZZO, Luiz G. *O senhor e o unicórnio*. São Paulo: Brasiliense, 1980.

BIERRENBACH, M. I. R. S. *Política e planejamento social no Brasil*. São Paulo: Cortez, 1981.

BORJA, Jordi. *Movimentos sociales urbanos*. Buenos Aires: Siap, 1975.

BRESSER PEREIRA, Luiz C. *Economia brasileira*: uma introdução crítica. São Paulo: Brasiliense, 1982.

BROMLEY, Ray; BUSTELO, Eduardo S. (Orgs.). *Política x técnica de planejamento*. São Paulo: Brasiliense, 1982.

BURSZTYN, Marcel; CHAIN, A.; LEITÃO, P. (Orgs.). *Que crise é esta*. São Paulo: Brasiliense, 1984.

CARVALHO, Alba M. *A questão da transformação e o trabalho social*: uma análise gramsciana. São Paulo: Cortez, 1983.

CARVALHO, Alba M. P. de; BONETTI, Dilsea A.; IAMAMOTO, Marilda V. Projeto de investigação: a formação profissional do assistente social no Brasil. In: *Serviço Social & Sociedade*. São Paulo: Cortez, n. 14, p. 29-103, abr. 1984.

CASTRO, Fidel. *La crisis económica y social del mundo*. Informe de la VII Cumbre de los Paises No Alineados. Quito, 1983.

CASTRO, Manuel Manrique. *História do Serviço Social na América Latina*. São Paulo: Cortez/Celats, 1984.

CBCISS. *Alternativas da política assistencial brasileira*. Rio de Janeiro: Doc. n. 91, 1974.

_____. *Desenvolvimento e marginalização social*. Rio de Janeiro: Doc. n. 90, 1974.

_____. *Documentos de Teresópolis e de Araxá*. Rio de Janeiro, 1969.

CELATS. *Serviço Social crítico, problemas e perspectivas, um balanço latino-americano.* São Paulo: Cortez, 1985.

CEPAL, *La crisis económica internacional y la capacidad de respuesta de América Latina,* 1983.

CERQUEIRA FILHO, Gisálio. *A questão social no Brasil*: crítica do discurso político. Rio de Janeiro: Civilização Brasileira, 1982.

CIGNOLI, Alberto. *Estado e força de trabalho*: introdução à política social no Brasil. São Paulo: Brasiliense, 1985.

COIMBRA, Marcos Antonio E. L. *Política e políticas do bem-estar*: uma periodização da experiência brasileira. Belo Horizonte: UFMG, Fundação João Pinheiro, 1979. (Mimeo.)

CORRIGAN, Paul et al. *Serviço de bem-estar socialista*: a nova perspectiva. Rio de Janeiro: Zahar, 1983.

COSTA, A. M. S.; COSTA, M. J. P. Contextualização da assistência social no Estado brasileiro: período de 1930 a 1945. In: *Serviço Social & Sociedade*. São Paulo: Cortez, n. 12, p. 77-85, ago. 1983.

COVRE, Maria de Lourdes M. *A fala dos homens*: análise do pensamento tecnocrático, 1964/81. São Paulo: Brasiliense, 1983.

CURY, C. Roberto Jamil. *Educação e contradição*. São Paulo: Cortez/ Autores Associados, 1985.

DALLARI, Dalmo. Ser cidadão. In: *Lua Nova*. São Paulo: Brasiliense/ Cedec, v. 1, n. 2, p. 61-4, jul./set. 1984.

DANTAS, Carlos Antonio Souza. *Proposta nacional de assistência social.* Secretaria de A. Social/MPAS, Serviço Público Federal, Rio de Janeiro, 1984. (Mimeo.)

DONZELOT, Jacques. *A política das famílias.* Rio de Janeiro: Graal, 1980.

DRAIBE, Sonia; WILNES, Henrique. *Política pública e gestão da crise*: um balanço da literatura internacional. Águas de São Pedro: Anpocs, 1984. (Mimeo.)

DURHAM, Eunice Ribeiro. Movimentos sociais: a construção da cidadania. *Novos Estudos Cebrap*, São Paulo, n. 10, p. 24-30, 1984.

EVERS, Tilman. A face oculta dos movimentos sociais. *Novos Estudos Cebrap*, São Paulo, v. 2, n. 4, p. 11-23, 1984.

FALEIROS, Vicente de Paula. *A política social do Estado capitalista*: as funções da previdência e da assistência social. São Paulo: Cortez, 1983.

FERNANDES, Florestan. *A ditadura em questão*. São Paulo: T. A. Queiroz editor, 1982.

FLEURY, Sonia Maria. Política social em crise na América Latina. In: SEMINÁRIO LATINO AMERICANO DE MEDICINA SOCIAL, 3., Ouro Preto, nov. 1984. (Xerocopiado.)

FURTADO, Celso. *Brasil pós-milagre*. Rio de Janeiro: Paz e Terra, 1983.

GIANOTTI, José A. Entrevista. In: *Presença*. São Paulo: Caetés, n. 3, p. 37-52, maio 1984.

GOUGH, I. State expenditure in advanced capitalism. In: *New Left Review*, London, n. 92, jul./ago. 1975.

IAMAMOTO, Marilda Vilela. *Legitimidade e crise do Serviço Social*. Um ensaio de interpretação sociológica da profissão. Dissertação (Mestrado) — Universidade de São Paulo, Escola de Arquitetura, 1982.

_____; CARVALHO, Raul. *Relações sociais e Serviço Social no Brasil*. São Paulo: Cortez/Celats, 1982.

IANNI, Octavio. *A ditadura do grande capital*. Rio de Janeiro: Civilização Brasileira, 1981.

IPEA. Informações sobre programas sociais — documento de trabalho para uso da pesquisa: níveis de desenvolvimento socioeconômico no Brasil. D. E., 1984.

JUNQUEIRA, Helena et al. A política do bem-estar social do Brasil no contexto do desenvolvimento na década de 70. In: *Serviço Social & Sociedade*. São Paulo: Cortez, n. 7, p. 5-34, dez. 1981.

KOWARICK, Lucio. *Capitalismo e marginalidade na América Latina*. Rio de Janeiro: Paz e Terra, 1977.

_____. Processo de desarrollo del Estado en América Latina. In: *Acción Crítica*. Lima, Celats/Alaets, n. 5, abr. 1979.

KOWARICK, Lucio. Os caminhos do encontro, as lutas sociais em São Paulo na década de 70. In: *Presença*. São Paulo: Caetés, n. 2, p. 65-78, fev. 1984.

_____. *Exploração do trabalho e espoliação urbana*: lutas sociais em São Paulo. CEDEC, São Paulo, 1984. (Mimeo.)

LBA. Relatório Geral de 1984. In: Publicação interna.

LAMOUNIER, Bolivar et al. *Direito, cidadania e participação*. São Paulo: T. A. Queiroz, 1981.

LANE, Silvia; CODO, Wanderley. *Psicologia*: o homem em movimento. São Paulo: Brasiliense, 1984.

LANE, Silvia. Uma redefinição da psicologia social: In: *Educação & Sociedade*. São Paulo: Cortez/Cedes, n. 6, p. 96-103, jun. 1980.

LEITE, Maria Carmésia, T. M. *A intervenção em Serviço Social*: visão praxiológica. São Paulo: Cortez, 1982.

LIMA, M. H. A. *Serviço Social e sociedade brasileira*. São Paulo: Cortez, 1982.

LIMA, T. M. *A política social no dia a dia*. São Paulo: Cortez, 1982.

LIMOEIRO, Miriam Cardoso. *Ideologia do desenvolvimento*. São Paulo: Paz e Terra, 1977.

MARSHALL, T. A. *Cidadania, classe social e status*. Rio de Janeiro: Zahar, 1967.

MARX, Karl. *Capítulo inédito de O Capital*. Porto: Escorpião, 1975.

MELLO, Guiomar Namo de. *Magistério de 1º grau*: da competência técnica ao compromisso político. São Paulo: Cortez/Associados, 1982.

MÉSZÁROS, Istvan. *Marx*: a teoria da alienação. Rio de Janeiro: Zahar, 1981.

MORAIS, Clodomir Santos. Elementos sobre a teoria da organização. Núcleo de ed. popular 13 de maio. In: *Texto de apoio*, n. 5, nov. 1984.

NUNES, Edison et al. Movimentos populares urbanos, poder local e conquista da democracia. In: *Cidade, Povo e Poder*. Rio de Janeiro: Cedec/ Paz e Terra, 1982.

O'CONNOR, J. *USA*: a crise do Estado capitalista. Rio de Janeiro: Paz e Terra, 1977.

PNAD. Pesquisa Nacional de Domicílio. Fundação Instituto Brasileiro de Geografia e Estatística (FIBGE), 1982.

SANTOS, Leila Lima. *Textos de Serviço Social*. São Paulo: Cortez, 1982.

_____. *Marchas y contramarchas del trabajo social*: repensando la reconceptualización. In: *Acción Crítica*. Lima: Celats/Alaets, n. 6, dez. 1979.

_____. El desarrollo del trabajo social en América Latina. In: *Acción Crítica*. Lima: Celats/Alaets, n. 8, dez. 1980.

SANTOS, Walderley Guilherme dos. *Cidadania e justiça*. Rio de Janeiro: Campus, 1979.

SARTRE, Jean Paul. *Questão de método*. Rio de Janeiro: Difel, 1979.

SEGNINI, Liliana R. Petrilli. *O que é mercadoria?* São Paulo: Brasiliense, 1984.

SILVA, Pedro Luiz Barros. Políticas e perfis de intervenção em atenção à saúde no Brasil: elementos para análise da ação estatal. In: *Cadernos Fundap*. São Paulo, v. 6, n. 3, jul. 1983.

SILVA, Pedro Luiz Barros. *Políticas governamentais e perfis de intervenção*: reflexões acerca da análise da intervenção estatal. In: REUNIÃO ANUAL DA ASSOCIAÇÃO NACIONAL DE PROGRAMAS DE PÓS-GRADUAÇÃO EM ADMINISTRAÇÃO, 7., São Paulo, set. 1984.

_____. O perfil médico assistencial privativista, suas contradições à análise política da intervenção estatal. In: *Fundap*, São Paulo, jul. 1983.

STOFFLES, Marie Ghislaine. *Os mendigos na cidade de São Paulo*. São Paulo: Paz e Terra, 1977.

TEIXEIRA, S. M. F. Assistência médica previdenciária — solução e crise de uma política social. In: *Saúde em debate*. São Paulo: Cebes, n. 9, 1980.

UNICAMP. Levantamento e análise de avaliação de políticas sociais — copilação e sumário da legislação brasileira. In: *Núcleos de Estudos e Políticas Públicas*, set. 1984. (Mimeo.)

VERDES-LEROUX, J. *Le travail social*. Paris: Minuit, 1978.

VIEIRA, Evaldo Amaro. *Estado e miséria social no Brasil*: de Getúlio a Geisel. São Paulo: Cortez, 1983.

WANDERLEY, Luiz Eduardo. Movimentos sociais populares. In: *Civilização Brasileira*. Rio de Janeiro, n. 5, nov. 1978.

WEFFORT, Francisco. *O populismo na política brasileira*. Rio de Janeiro: Paz e Terra, 1978.

YAZBEK, Maria Carmelita. A escola de Serviço Social no período de 1936 a 1945. In: *Cadernos PUC*. São Paulo: Cortez/EDUC, n. 6, p. 11-60, 1980.

LEIA TAMBÉM

▶ **O SISTEMA ÚNICO DE ASSISTÊNCIA SOCIAL NO BRASIL**
UMA REALIDADE EM MOVIMENTO

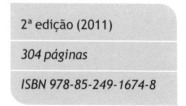

Berenice Rojas Couto
Maria Carmelita Yazbek
Maria Ozanira da Silva e Silva
Raquel Raichelis (Orgs.)

2ª edição (2011)

304 páginas

ISBN 978-85-249-1674-8

Milhares de novos trabalhadores de distintas áreas, milhares de gestores públicos de entidades privadas e milhões de novos sujeitos de direitos compõem um multifacetado e ávido segmento social, que no cotidiano são desafiados a construir a nova matriz do Sistema Único da Assistência Social – o SUAS.

Trata-se de uma obra que reúne de maneira instigante um belo e amplo observatório da política pública de assistência social hoje. Ao examinar tema tão relevante, a equipe de autoras nos presenteia com uma feliz oportunidade de preparar melhor o estudo e intervenção profissional nesta complexa, fundamental, e não poucas vezes mal compreendida, política social.

LEIA TAMBÉM

▶ POLÍTICA SOCIAL NO CAPITALISMO
TENDÊNCIAS CONTEMPORÂNEAS

Ivanete Boschetti
Elaine Rossetti Behring
Silvana Mara de Morais dos Santos
Regina Célia Tamaso Mioto (Orgs.)

2ª edição - 2ª reimp. (2013)

280 páginas

ISBN 978-85-249-1407-2

Este livro evidencia a tensa relação existente entre o atendimento das necessidades dos trabalhadores e do capital, o núcleo duro que perpassa o campo de todas as políticas sociais. O retrocesso dos direitos e a subtração de benefícios já conquistados se legitimam mediante a formação de uma outra cultura à base da formação de consensos ideopolíticos em torno de novos mecanismos de enfrentamento da desigualdade.

LEIA TAMBÉM

▶ **AVALIANDO O BOLSA FAMÍLIA**
UNIFICAÇÃO, FOCALIZAÇÃO E IMPACTOS

Maria Ozanira da Silva e Silva (Coord.)
Valéria Ferreira Santos de Almada Lima

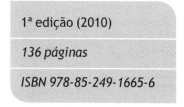

1ª edição (2010)

136 páginas

ISBN 978-85-249-1665-6

O programa Bolsa Família não pode ser desconsiderado pelos profissionais da área social, pelos pesquisadores da Política Social brasileira, pelos políticos e pela sociedade brasileira, pois estamos diante do maior programa social já implementado no Brasil, a despeito de seus limites estruturais para resolver ou mesmo reduzir a pobreza e a desigualdade social num país capitalista que vivencia uma transição da periferia para o centro do capitalismo mundial. A pesquisa que originou este livro foi desenvolvida no âmbito de uma proposta de cooperação acadêmica aprovada e financiada pela Capes e pelo CNPq.